GOLDEN AGE X PRIME MUSE

TALISMAN

부적과 민화의 만남, 부적 오라클카드

해설서

TALISMAN | 부적과 민화의 만남
부적 오라클카드

저자	고경아
초판 1쇄	2024년 6월 1일
출판사	황금시대
주소	서울특별시 강남구 신사동 596, 청오빌딩 지하1층
출판등록	2016년 12월 8일 (제2016-000372호)
공식판매처	프라임뮤즈
대표전화	070-7764-7070
강의문의	010-7141-8794
Homepage	www.primemuse.com
E-mail	support@primemuse.com

ISBN : 979-11-91632-24-8(13180)

GOLDEN AGE X PRIME MUSE

TALISMAN

부적과 민화의 만남, 부적 오라클카드

목차

안녕하세요. 한국 부적 카드를 구매해 주셔서 감사합니다.

부적의 역사는 매우 오래되어서 상고시대까지 거슬러 올라갑니다. 단군왕검의 천부인 또한 부적의 원형으로 볼 수 있으며, 중국의 오래된 문헌에서도 부적의 기원을 고조선이라고 말하고 있을 정도로 전통과 내력이 깊은 분야라고 하겠습니다.

하지만 부적의 이러한 심오한 의미는 세월이 지나면서 역사의 뒷면으로 그 의미가 퇴색된 지 오래이므로 부적이라고 하면 그저 막연히 액막이 용도로 이해되고 있는 것이 지금의 현실입니다.

타로카드를 활용해서 일상의 제반 길흉을 리딩하고 내담자들의 고민을 함께 해결해 가는 선생님들에게 어떤 솔루션이나 도구를 제공해 드릴 수 있을까 고민해 오다가 부적 카드로 제작하게 되었습니다.

어디선가 한 번은 본 듯한 부적이지만, 왠지 아직은 접근이 어렵고 실제 상담 시에 활용이 어려운 점에 착안하여 한자어를 기본적으로 응용하고 그에 맞는 의미를 민화의 형태로 첨가하여 그림만 보고서도 어떤 의미가 있는지 알기 쉽게 하였습니다.

프라임뮤즈에서 나온 많은 타로카드들을 활용해 상담하면서 그때 그때 행운과 불안을 보완할 수 있는 부적 카드도 많이 애용해 주시기를 바랍니다.

프라임뮤즈를 응원해 주시는 여러분께 늘 감사의 말씀을 전합니다.

2024년 봄 어느날　　고경아

부적 카드에 대한 설명과 키워드를 알아보기 !

1. 가출부

돌아온다는 의미의 귀(歸)글자를 응용하였고 주인을 잃은 옷과 짐 보따리, 짚신을 배치하였다. 또는 급하게 옷과 삿갓마저 버리고 급히 떠나버린 사람을 표현하기도 한다.

사용 방법

자신이 처해진 환경을 벗어나고 싶은 충동을 억누르기 힘들거나 갑자기 어디론가 훌훌 떠나버리고 싶을때 필요한 부적이다. 잠시의 여행이 아닌, 해야할 의무도 저버린채 책임감 없이 사라지는 경우를 말한다. 연락이 끊어지거나 행방을 알 길이 없는 사람을 찾고 싶을 때도 이 부적을 지니고 있으면 효과가 있다.

2. 개운부

운이 열린다는 뜻의 열릴 개(開)를 응용하였고 부귀 영화를 상징하는 모란과 복항아리, 그리고 행운의 푸른 새를 곁들였다. 대문이 열리고 귀한 손님이 들어오듯이 행운도 이와 같이 들어온다는 뜻이다.

사용 방법

중요한 시기를 맞이해서 조금 힘이 부족하다고 느끼거나 자꾸 코 앞에서 좋은 운을 놓친다고 생각이 될 때 보다 더 적극적으로 운맞이를 하고 싶을때 지니도록 한다.삶의 이정표, 중요한 결정을 앞에 두고 있을 때에도 효과좋은 부적이다. 노력만으로는 부족하다 싶을 때에도 지니고 있도록 한다.

3. 개점부

복을 뜻하는 복(福) 글자를 응용하였고 가게(주막) 앞에 내걸어 영업을 표시하는 불 밝히는 등과 천장에 매달아두는 실에 감은 북어를 배치하고 가게를 개업하는 고사를 지낼 때 사용하는 돼지머리와 양초를 그려넣었다.

사용 방법

새로운 가게를 오픈하거나 사업을 시작했을 때 길한 운을 맞이하기 위해서 지니고 있으면 좋다. 낯선 장소나 타지에서 일을 시작할 때에 삿된 기운을 제거해주기도 한다. 요즘은 광고의 시대이니 만큼 불빛을 멀리 비추어 여러 사람에게 자신과 사업을 알리는 효과도 있다.

4. 공덕부

덕과 베풂을 뜻하는 덕(德) 글자를 응용하였고 불상과 함께 좌대에 얹은 목탁과 염주, 연꽃이 그려진 포대에 담긴 쌀을 배치하여 시주를 하는 마음을 표현하였다.

사용 방법

일이 잘 풀리지 않을때 상담을 하러 가면 공덕이 부족하다고 나오거나 인덕이 없어서 낭패를 보는 일이 있을 때에 그 부분을 보완해준다. 반드시 자신에게 이익이 있을 때만 행동하는 것이 아니라 평소에 남에게 선행을 베풀며, 종교적으로도 많이 보시하고 댓가를 바라지 않는 덕을 쌓고자 하는 마음을 강화해준다.

5. 공부부

5. 공부부

배움을 뜻하는 학(學) 글자를 응용하였고 종이, 붓, 벼루, 먹의 문방사우와 촛불, 책상, 서책들을 배치하였다. 그 위로 아름다운 작품으로 완성된 귀한 족자들도 그려넣었다.

사용 방법

자격증을 딴다거나 진학을 해야할 때 필요한 부적이다. 집중이 안되어서 제대로 성적을 낼 수 없거나 시험을 앞두고 긴장될 때 그리고 좀 더 나은 능률을 바랄 때에도 효과가 있는 부적이다. 하나하나 쌓여서 이루어 가는 것이 공부인지라 즉석에서 효과를 바라는 조급함을 견제하는 데에도 도움을 준다.

6. 관록부

관리의 봉급을 뜻하는 록(祿) 글자를 응용하였고 조선시대 왕이 연로한 대신들에게 하사했던 궤장과 장원급제자가 썼던 사모, 어사화를 배치하였다.

*궤장(几杖)임금이 나라에 공이 많은 70세 이상의 늙은 대신에게 하사하던 궤(几)와 지팡이

사용 방법

나라의 일을 맡아서 하거나 공직자가 되고 싶을 때 혹은 이와 연관된 일을 하게 되었을 때 지니고 있으면 좋다. 승진을 한다거나 공적인 업무에서 큰 발전을 바랄 때에도 효과가 있다. 윗사람의 인정을 받는다는 것은 곧 출세와 성공을 의미한다. 그러므로 관록부는 이런 부분을 강화하도록 도와준다.

7. 관재부

송사를 뜻하는 송(訟) 글자를 응용하였고 열린 자물쇠를 걸어 두었는데 열쇠를 함께 두어서 그것이 풀어짐을 표현했다. 모든 일에는 해답이 있는데 그것은 관재에도 마찬가지인 것이다.

사용 방법

나라로부터 관재가 발생하여 제한을 받고 조사받는 것은 괴로운 일이다. 이러한 일이 자신의 잘못으로 벌어지든 남의 모함으로 그리되든 관재는 하루빨리 풀려야 할 일 중의 하나이다. 그렇기에 속히 해답을 얻어서 결론을 짓게 만드는 것이 중요하다. 관재부는 이러한 것을 속전속결로 끝맺게 하는데 도움을 준다.

8. 교통안전부

8. 교통안전부

역을 뜻하는 역(驛) 글자를 응용하였고 말을 타고 가는 양반과 말을 끄는 시종을 배치하였다. 조선시대에 교통, 통신 시설 역할을 하던 역참에서 말을 빌릴 수 있었다.

사용 방법

현대인들은 늘 이동이 잦을 수 밖에 없고 다양한 교통 수단을 이용한다. 언제 어느 곳에서 사고가 날 지 모르기 때문에 불안한 마음이 들 때, 자기 스스로를 위험으로부터 방어하기 위해서 이 부적을 지니는 것이 좋다. 특히 자신이 늘 운전을 하거나, 남이 운전하는 차량에 탑승하는 경우에는 더욱 더 이러한 보호력이 필요하게 된다.

9. 구령부

거느린다는 뜻의 령(領) 글자를 응용하였고 벼락을 형상화한 무기인 금강저로 신의 힘을 보여준다. 또한 이는 번뇌를 없앤다는 뜻도 갖고 있다.

사용 방법

신성한 힘을 가진 존재들이 나를 보호해주기 바라는 마음에서 지니도록 한다. 삿된 기운이나 음험한 인물을 만나게 될 때, 혹은 그런 장소를 간다면 자신을 보호해주시도록 선신들에게 요청하는 부적이다. 정신적으로 쇠약해졌을 때나 신체적으로 무기력할 때도 활용할 수 있다. 선신들은 강력한 힘으로 사악한 기운을 제어하고 통제하도록 도와준다.

10. 구사부

귀신을 뜻하는 귀(鬼) 글자를 응용하였고 그 위로 귀신을 쫓는 효과가 있는 팔, 키와 함께 천연두를 앓은 듯 얼굴이 얽은 가면을 배치하였다.

*마마신은 천연두를 신격화한 신으로, 사람들이 가장 두려워하는 역신이었다.

사용 방법

원인을 알 수 없는 증세로 인해서 괴로움을 느끼거나 허약해 질 때, 사악한 귀신으로부터 자신을 지켜주기를 바라는 부적이다. 보이지 않는 위협적인 존재들로부터 안전을 기원하는 의미이다. 또는 어떤 특정한 존재로부터 자신을 방어한다는 뜻도 있고 제반 부정한 것들로부터 자신을 지킬 수 있다는 확신도 함께 느껴볼 수 있다.

11. 구자부

11. 구자부

자손을 뜻하는 손(孫) 글자를 응용하였고 숯, 솔가지, 고추를 끼운 금줄을 배치해 아이가 태어났음을 암시하고, 솜을 누빈 아이의 저고리와 타래버선을 배치하였다.

사용 방법

집안에 귀한 자손이 태어나는 것 만큼 행복한 일은 없지만 자손이 생기지 않아 심적으로 우울하고 불안한 경우도 많다. 평소 심적 안정을 잘 유지하는 것이야말로 건강의 기초이다. 이 부적을 지니고 있으면서 좋은 기운을 보강하도록 돕는다. 임신중에 지니고 있어도 태를 더욱 건강하게 해주는 기운을 불어넣어준다.

12. 금은자래부

재물을 뜻하는 재(財) 글자를 응용하였고 줄에 엮인 엽전, 쌀 가마니를 배치해 풍족한 재물을 나타냈다. 일상생활에 재물을 불리는 기운을 불러 일으키고자 하는 염원이 드러난다.

사용 방법

노력해도 돈이 모이지 않고 새어나가거나 해서 의욕이 떨어질 때 조금 더 재물의 기운을 강화할 수 있는 이 부적을 지니도록 한다. 재물에도 눈이 있어서 사람을 알아보고 모여든다고 하는 말이 있듯이 그러한 흐름을 자연스럽게 유도하는 힘을 기대해본다. 막힌 물길을 뚫어주듯이 금전운을 길게 흐르도록 만들어주는 역할을 한다.

13. 길연부

인연을 뜻하는 연(緣) 글자를 응용하였고 음양의 조화와 남녀의 결합을 뜻하는 청실홍실, 혼례에 사용되어 부부의 금실을 상징하는 원앙 장식 한 쌍을 배치하였다.

사용 방법

살아가는 인생의 여정에서 사람끼리의 인연만큼 소중한 것은 없다. 이 부적은 남녀간에 좋은 배필을 만나서 평생의 반려자가 되도록 돕고 자신이 원하는 사람과 맺어질 수 있도록 하는 강력한 소원을 성취시킨다. 마음에 있지만 제대로 표현하지 못하거나 상대방이 나의 마음을 받아주어서 아름다운 인연이 이어지도록 한다.

14. 단명부

14. 단명부

목숨을 뜻하는 명(命) 글자를 응용하였고 자손 번창과 수명, 장수, 부귀를 상징하는 밤과 대추가 담긴 접시와 꺼지지 않고 잘 타오르는 불처럼 삶이 이어가도록 표현했다.

사용 방법

평소에 집안에 단명하는 가족이 많아서 불안하거나 할 때 또는 자신의 건강에 자신이 없어서 마음이 힘들 때 지니도록 한다. 우리나라 사람들은 수명이 하늘에 달려있다는 신앙이 강하다. 사고와 재난을 수 없이 겪어야 했던 선조들의 영향때문이다. 이 부적은 불안을 잠재우고 보다 활력에 넘치는 생활을 하게 도와준다.

15. 도액부

방어한다 뜻의 방(防) 글자를 응용하였고 액막이를 위해 명주실로 감싼 명태를 배치하였는데 명태가 큰 눈으로 사방을 감시하고, 큰 입으로 액운을 삼킨다는 믿음이 있었다.

사용 방법

복잡미묘한 현대 생활을 해나가다 보면 갑작스러운 사고를 당하기도 한다. 이러한 불안을 완화하고 액살을 방어하기 위해서 이 부적을 지니도록 한다. 재난에 버금가는 큰 일을 겪을 때에도 이 부적은 위력을 발휘한다. 큰 사고의 조짐이 보일 때에도 미리 지니고 있으면서 조금이라도 해로움이 줄어들 수 있게 대비해본다.

16. 동토부

16. 동토부

보호한다는 의미의 보(保) 글자를 응용하였고 함부로 나무를 자른다거나 해서 동티가 났다는 것을 알 수 있다. 건드리지 않아야 할 것을 구분하고 금기를 지켜야 함을 나타내고 있다.

사용 방법

살아가면서 금기를 침범해야 하는 경우가 종종 있을때 자신에게 화가 닥치지 않기를 바라는 마음에서 지니도록 한다. 낯선 터에서 옮아오거나 혹은 자신의 집을 고치거나 단순히 어떤 물건을 잘못 건드려도 동티는 일어난다고 믿었던 조상들은 각별히 자신의 처신에 신경을 쓰고 살았다. 현대도 이것을 완전히 무시할 수는 없기에 자신을 보호하고자 할때 사용한다.

17. 마재부

돈을 뜻하는 전(錢) 글자를 응용하였고 금화가 가득 담긴 상자, 고급스러운 노리개, 금으로 장식된 청자 주전자와 잔을 배치해 사업 번창과 금전 재수를 나타냈다.

사용 방법

예나 지금이나 재산이 늘어나는 것을 싫어할 사람은 없다. 살아가면서 어느 정도의 돈은 필요하고 또 나름 자신의 생활을 윤택하게 하려고 다른 이들보다 더 많은 재물을 불리는 것을 목표로 하기도 한다. 이 부적은 그럴 때 사용하면 좋은 것으로 자신의 금전운과 재물운을 향상시키는데 도움을 준다.

18. 망신살부

18. 망신살부

망하다, 도망치다는 뜻의 망(亡) 글자를 응용하였고 위태롭게 줄을 타는 광대와 그를 구경하는 사람들을 배치하였다. 줄타기의 명인이지만 바닥으로 추락하면 사람들의 비웃음을 살 것이다.

사용 방법

지나친 욕심을 부리면 화를 입으니 이렇게 안좋은 의미에서 주목을 받는 운을 망신살이라고 한다. 타인의 시선을 신경쓰지 않고 살아갈 수 있다면 좋겠으나 사람이 사회적인 동물인만큼 망신살만큼 힘든 것도 없다. 매체의 발달로 인해서 얼굴을 서로 보지 않은 상태에서도 망신을 주기도 하므로 신수에 망신살이 들어와 있을 때 지니면 좋은 부적이다.

19. 매매부

판다는 뜻의 매(賣) 글자를 응용하였다. 장에서 소를 파는 사람과 엽전 꾸러미를 들고 소를 사는 사람을 배치하여 집, 땅, 물건의 매매가 성사될 수 있게 함을 나타냈다.

사용 방법

부동산에 해당하는 건물이나 토지, 혹은 이외에 팔고자 하는 모든 물건에 대해서 속히 매매가 이루어지길 바랄때 지니고 있도록 한다. 제 값을 팔고 거래가 된다는 의미도 포함된다. 정작 팔려고 마음을 먹었는데 안팔린다면 이것만큼 초조한 것이 없다. 이사를 가야하는데 자신이 살고 있는 집이 빨리 나가지 않을때도 사용해본다.

20. 백호살부

백호살부

죽임을 뜻하는 살(殺) 글자를 응용하였고 호랑이의 형상을 본뜬 호랑이 가면을 배치하였다. 백호살은 호랑이에 물려 다치거나 죽을 운을 의미한다.

사용 방법

사주 명식에 갑진(甲辰), 을미(乙未), 병술(丙戌), 정축(丁丑), 무진(戊辰), 임술(壬戌), 계축(癸丑), 7가지를 백호대살이라 하여 년월일시에 하나라도 있다면 좋지 않게 여긴다. 현대에는 자기의 일을 철두철미하게 잘하는 도전적인 사주로 보여지기도 한다. 그러나 기본적으로 위험한 사고수를 상징하니 이를 막고자 할때 지니도록 한다. 사람들 전체 사주의 10프로에 해당되어 열 명 중의 한 명 꼴로 백호대살을 갖고있는 셈이다.

21. 복덕부

복력이 심후하게 되길 바라는 의미에서 복(福)을 응용하였다. 전래동화 속 흥부에게 박씨를 물어다 준 제비와 금은보화가 가득 들어 주인에게 부귀영화를 가져다 주었던 박 열매를 배치하였다.

사용 방법

한민족이 제일 좋아하는 말 중의 하나가 '복이 많은 사람'이라고 한다. 복은 자신이 노력한다고 해서 들어오는 것이 아니며, 착한 사람이라고 해서 무조건 받을 수 있는 것도 아니고 빨리 받고 싶다고 하면서 조를 수 있는 것도 아니다. 그러니 자연스럽게 물이 스며드는 것처럼 복이 찾아오게 하는 의미로 지니도록 한다.

22. 삼재부

재앙을 의미하는 재(災) 글자를 응용하여 삼두일각조(三頭一脚鳥)을 배치하였다. 이 새는 세 개의 머리와 하나의 발을 가진 매로 사람마다 9년 주기로 돌아오는 3년간의 재난을 막아주는 역할을 한다.

사용 방법

12년마다 자신의 띠가 돌아오는데 9년은 무난히 흘러가지만 3년은 삼재에 걸린다. 띠마다 삼재가 시작되는 해와 삼재가 끝나는 해는 다르지만 이 위험한 시기를 잘 헤쳐나갈 수 있게 힘을 얻기 위한 부적으로 지니면 된다. 새의 머리가 3개이므로 3년을 의미하기도 하지만 매의 눈으로 위험한 요소를 잘 살펴보고 방어하는 힘도 느껴볼 수 있다.

23. 상문부

잃는다는 뜻의 상(喪) 글자를 응용하였다. 저승사자와 함께 다니는 직부마라는 말이 명부 두루마기를 매달고 있다. 즉 상문이 들어올 경우를 대비하기 위한 모습이다.

사용 방법

한 번 태어났으면 죽는 것이 자연의 이치이다. 그러나 어떻게 잘 죽느냐 하는 것은 더욱 중요한 문제이다. 가족 중에 연로한 분이 있거나 혹은 그렇지 않은 경우에도 상문이 들어오기도 한다. 이 부적을 지니고 있으면 갑작스러운 초상에 대비하며, 좋은 마무리를 위한 힘을 실어준다고 볼 수 있다.

24. 상애부

귀하다는 뜻의 귀(貴) 글자를 응용하였고 하늘이 정한 인연을 의미하는 붉은 실과 바늘, 인연과 행복을 상징하는 나비 두 마리를 배치하였다.

사용 방법

서로 사랑하는 마음은 서로를 귀하게 여기는 마음이다. 이것이 없다면 사랑은 지속되기 어렵다. 그러므로 서로의 애정을 돈독하게 하고 소중하게 여기는 마음이 지속되도록 이 부적을 지니도록 한다. 한 쪽이 지나치게 희생하고 배려하는 마음을 상대가 알아주는 효과도 있다.

25. 선신수호부

25. 선신수호부

지키다는 듯의 수(守) 글자를 응용하여 신성한 장소를 상징하는 금줄을 둘렀고 마을을 수호하는 신을 모시는 서낭당(돌무더기)을 배치하였다.

사용 방법

최근 심정적으로 매우 피로하고 자신의 에너지가 방전되었다고 느끼거나 보다 높은 차원의 존재들의 도움을 청하고 싶을 때 지니도록 한다. 초월적 능력을 가진 신적인 존재들은 세속적인 인간의 괴로움에 관대하며 특히 적극적으로 기도하는 소리에 귀를 기울인다고 한다. 이 부적은 그러한 간절한 요청에 효과적이다.

26. 소원부

소망한다는 뜻의 원(願) 글자를 응용하였고 장독대 위에 정화수를 떠 놓고 달을 보며 소원을 비는 간절한 마음을 형상화해서 배치하였다.

사용 방법

세상에는 얼굴이 같은 사람이 없듯이 소망하는 내용도 다 다르다. 큰 소원이든 작은 소원이든 이루어지기를 바라는 마음으로 지니도록 한다. 바라던 소원이 갑자기 성취되는 사람이 있는 반면 생각보다 더 늦게 이루어지거나, 때로는 오랜 시간이 흘러 잊어버린 뒤에 문득 이루어지는 경우도 있다.

27. 소재부

27. 소재부

재앙을 뜻하는 화(禍) 글자를 응용하였다. 호랑이와 소나무가 그려진 민화를 집 안에 붙이면 나쁜 기운을 쫓아 준다는 믿음이 있었다.

사용 방법

최근 자신의 신변에 좋지 않은 이들이 모여든다거나 그런 기운이 느껴진다면 필히 소재부를 지니도록 한다. 재앙 중에 가장 큰 것이 사람으로 인한 재앙일지도 모른다. 옛 사람들은 대자연이 가져다 주는 기근이나 역병 이 큰 재앙이었으나 현대에는 제일 무서운 것이 사람으로 인한 봉변을 당하는 것이다.

28. 속매부

판다는 뜻의 매(販) 글자를 응용하였다. 엽전을 문 황금두꺼비, 황금 촛대와 고급 비단은 이익을 상징한다. 바람을 일으키는 부채는 매매의 속도를 빠르게 이루어 줄 것이다.

사용 방법

매매부와 함께 지니고 있으면 효과가 상승한다. 팔아야 할 목적이 있을때 더욱 빨리 거래가 성사되면 반가운 일이다. 물론 이익을 남기고 팔게 되기를 바라는 소망도 있다. 매매부와 속매부는 팔고자 하는 물건에 부착하거나 같은 장소에 두는 것도 좋다.

29. 송사부

판단한다는 의미의 판(判) 글자를 응용하였다. 옛날, 억울한 일을 당한 사람이 원통함을 알리기 위해 쳤던 북, 신문고와 그 내용을 호소하는 상소문을 배치하였다.

사용 방법

서로의 이해가 상충하거나 혹은 한쪽이 피해를 당하거나 해서 소송이 벌어질 때 지니고 있으면 강한 힘을 비축할 수 있다. 간단하게 끝날 일도 소송을 시작하면 지리멸렬하게 이어진다. 이럴 때에는 누가 잘 견디느냐 하는 지구력이 필요하다. 물론 사전에 송사가 일어나지 않게 차단하는 효과도 있다.

30. 수륙부

나그네를 의미하는 려(旅) 글자를 응용하였다. 삿갓을 쓰고 괴나리봇짐을 멘 채 먼 길을 떠나는 나그네와 그의 앞으로 펼쳐진 첩첩산중과 강이 긴 여정을 알려준다.

사용 방법

지금은 교통이 잘 발달되어 있어 전국이 일일 생활권이지만 그럼에도 불구하고 집을 떠나 먼 곳으로 다녀오는 일정은 간단하지 않다. 심적으로 육체적으로도 무리가 오기 때문이다. 그럴 때에 이 부적을 지니고 있으면서 평소와 같은 활력을 잃지 않기를 기원한다. 또 타지에서 겪을 어려움도 무난히 지나가길 바라는 마음에서 지니고 있으면 좋다.

31. 신경병부

31. 신경병부

날카롭다는 뜻의 예(銳) 글자를 응용하였다. 그 위로 뻗어나 자라난 약초잎은 신경을 안정시켜 주는데 효과가 있는데 이것을 달여서 마시면서 치유되기를 바라는 뜻을 표현하였다.

사용 방법

원인을 모른 채 매우 신경이 날카롭거나 우울하게 되는 경우가 있다. 반대로 자신도 모르게 기분이 너무 흥분되어서 실수를 저지르기도 한다. 가족과 지인들 뿐만 아니라 본인도 무척 괴로울 것이다. 이럴 때 이 부적을 지니고 있으면서 마음의 평안을 기원해본다. 조금은 느리게 천천히 살아가도 좋은 것이라고 스스로에게 여유를 주는 효과를 기대해본다.

32. 신살부

귀신을 뜻하는 신(神) 글자를 응용하였다. 가사 장삼을 걸치고 고깔을 쓴 채 승무를 추는 이와 살풀이 춤을 추며 매듭진 고를 풀 때 쓰는 흰 명주 수건을 배치하였다.

사용 방법

어떤 보이지 않는 존재로부터의 살기를 느끼거나 주문에 걸린것 같다고 느껴질 때에 지니고 있도록 한다. 타인이 타인에게 저주술을 행하는 경우도 많으므로 이러한 위험으로부터 자신을 지키기 위해서 활용한다. 사주 명식에 신살을 갖고 있는 경우도 지니고 있으면 좋다.

33. 신조부

돕는다는 뜻의 조(助) 글자를 응용하였다. 신의 영역을 나타내는 금줄과 오색 천을 배치하여 성황당 나무와 같은 분위기를 나타내었다.

사용 방법

위급한 상황에서 아무런 도움을 받을 길이 없을때 이 부적을 지니고 있으면서 선신들의 도움을 요청해 본다. 살다보면 가족이나 친구에게도 말하지 못하는 막막한 처지가 되기도 한다. 자신의 힘이 모자라서 난국을 헤쳐나갈 길이 보이지 않을때 이 부적은 강한 에너지를 얻을 수 있도록 도와준다.

34. 악몽부

꿈을 뜻하는 몽(夢) 글자를 응용하였다. 베개, 사나운 꿈자리 상징하는 검은 빛의 연기, 악몽을 잘라내는 가위를 배치하였다.

사용 방법

계속 해서 원인을 알 수 없는 악몽에 시달리거나 잠드는 곳에서 숙면을 취할 수 없을 때 지니고 있도록 한다. 또는 불길한 장소를 다녀온 후 부터 이상한 꿈을 꿀 때에도 효과가 있다. 악몽부는 단독으로 지녀도 좋지만 신들의 도움을 요청하는 부적과 함께 지녀도 효과가 상승한다.

35. 안손부

향하다는 의미의 향(向) 글자를 변화해서 그 위에 거북이 형상을 한 나침반, 윤도와 부채를 배치하였다. 자신과 맞지 않는 방향이 어느 곳인지 잘 살펴본다는 의미가 있다.

사용 방법

특정방향으로 가는 것이 불길하다고 여겨질 때 지니고 있도록 한다. 이는 출장이나 여행, 이사를 갈 때도 마찬가지이다. 자신과 맞지 않는 방위로 가게 되면 각종 재앙이 닥칠 수도 있는데 손(꺼리는 방향)이 있다고 하여 이사 날짜도 손이 없는 날을 잡기도 한다. 손이 없는 날은 동서남북 각 방향에 2개씩의 날을 배치한 후에 남는 9, 10으로 끝나는 날이다. (예시 : 9일, 10일, 19일, 20일, 29일, 30일)

36. 안정부

편안함을 뜻하는 안(安) 글자를 응용하였다. 중앙에는 만사형통을 의미하는 소의 코뚜레를 배치하였다. 옛날 사람들은 대문에 코뚜레를 걸어 안정을 추구하였다.

사용 방법

한 자리에 머물러 삶을 영위할 수 있어야 안정되었다고 볼 수 있다. 생활이 불규칙하거나 집을 자주 옮겨다녀야 할 때 지니도록 한다. 때로는 집의 문제가 아니라 정신적인 안정을 추구할 때도 좋다. 말을 듣지 않는 소에게 코뚜레를 걸어놓으면 주인의 말에 순종하게 된다. 나에게 맞지 않는 여건을 좋게 만들고 싶을 때도 지니면 좋다.

37. 애인총애부

사랑을 의미하는 애(愛) 글자를 응용하였다. 연인으로부터 받은 선물인듯 상자에 곱게 포장된 꽃무늬의 뒤꽂이, 고급 비단과 귀한 간식인 옥춘당을 배치하였다.

사용 방법

짝사랑을 하고 있는 중이거나, 사귀고 있다고 하더라도 부족함을 느낄때 이 부적을 지니고 있으면 자신의 매력을 증가시킬 수 있다. 연인끼리 더 많은 사랑을 받는 것은 가장 행복한 순간일지도 모른다. 하지만 오래된 연인은 권태가 오기 쉬우니 이 부적을 지니고 있으면서 늘 신선한 애정이 꽃피기를 바래본다.

38. 옥추부

멸하다는 뜻의 멸(滅) 글자를 응용하였다. 무속인들이 굿을 하며 악귀를 쫓는 데 사용하는 무구인 신칼(신장칼)과 부채 무선을 배치하였다.

사용 방법

강력한 귀신을 제어하려면 강력한 힘이 필요하다. 옥추부는 이러한 해로운 귀신을 멸하게 하는 위력이 있다. 때로 사람은 자신이 저지른 일임에도 왜 그랬는지 원인을 모르는 경우가 허다하다. 빙의 상태이거나 또는 유사한 상황일 때 지니고 있도록 한다. 다른 제어 부적과 같이 지니고 있어도 효과가 상승한다.

39. 원진살부

성내다는 의미의 진(嗔) 글자를 응용하였고 붉은 인연의 실로 묶인 연인의 모습을 배치하였다. 서로 다툰 듯 등을 돌리고 있지만 헤어질 수 없는 인연처럼 보인다.

사용 방법

사주 명식에 원진살이 있는데 이를 믿는 사람도 있고 흘려버리는 사람도 있다. 그런데 살아가다보면 이것을 무시할 수만은 없는 상황이 생긴다. 눈에 안보면 걱정이 되는데 막상 나타나면 짜증이 나는 사람이 있다. 가족일 수도 있고 친구 혹은 연인일 수도 있다. 이럴 때 이 부적을 지니고 있으면서 원진살의 알미운 작용이 줄어들기를 바래본다.

40. 원행부

멀다는 뜻의 원(遠) 글자를 응용하였다. 나귀를 타고 길을 떠나는 선비의 모습을 표현했다. 그의 앞에 굽이굽이 펼쳐진 길이 여정이 길고 험할 것임을 나타낸다.

사용 방법

멀리 타지로 다녀와야 한다거나 한동안 그곳에 가서 머무를 때도 지니도록 한다. 자신이 익숙한 곳을 떠난다는 것은 많은 스트레스를 유발한다. 각종 위험과 재난에서부터 스스로를 지킬 수 있는 힘이 필요하다. 이 부적 외에도 먼 길을 떠날 때 보호하는 부적이 있으니 여러 장 겸해서 가지고 있으면 더 든든한 힘을 얻을 수 있다.

41. 인기부

평가하고 품평함을 뜻하는 평(評) 글자를 응용하였다. 사람의 시선을 끌고 매력적으로 보이게 하는 복숭아꽃과 화려함을 더해주는 노리개 장신구를 배치하였다.

사용 방법

현대는 자신을 알리는게 흉이 아니다. 남의 인기를 얻는 것은 비단 연예인 뿐만 아니라 일반인도 마찬가지다. 친구나 직장동료로부터 없어서는 안될 사람이라는 인식을 주기도 하고 사회생활이 더 즐거워지는 효과도 있기 때문이다. 이러한 인기를 얻고 싶을때 지니고 있으면 자신의 매력을 널리 알리는데 도움이 된다.

42. 자동신장부

강함을 뜻하는 강(強) 글자를 응용하였다. 삼국지 속 관우가 주로 사용한 무기 종류로 알려져 있는 언월도로써 전쟁에서 승리하는 듯한 강한 에너지를 표현하였다.

사용 방법

옛사람들은 신장들이 자신을 지켜주는 것을 고대하였다. 잦은 전생속에서 살아남기 위해서는 용맹한 장군들의 보호가 절실했던 것이다. 그것은 현대인에게도 마찬가지이다. 이 부적을 지니고 있으면 강한 사람의 도움이나 수호를 받게 된다. 자신 혼자의 힘으로 해결할 수 없는 일이 있을 때도 지니도록 한다.

43. 재수부

43. 재수부

장사를 의미하는 상(商) 글자를 응용하였다. 조선시대 보부상이 쓰고 다니던 패랭이 모자와 지게에 지고 다니던 물건들, 엽전 꾸러미를 배치하였다.

사용 방법

복이 큰 의미에서의 행운이라면 재수는 그보다는 작은 의미의 행운을 상징한다. 그래서 한국인들은 재수가 좋다, 운이 좋다는 말을 즐겨 사용한다. 각박한 생활 속에서 작은 행운을 기다리는 마음을 이 부적에 담았다. 지니고 있으면 생활의 활력소가 될 만한 즐거운 일이 벌어질 것이다. 그러한 일이 많이 생기길 바라는 마음은 곧 그런 재수를 불러들이게 된다.

44. 절연부

끊는다는 뜻의 절(絶) 글자를 응용하였고 붉은 색의 실꾸러미와 실을 자르려는 가위를 배치하였다. 복잡한 매듭을 잘라내고 정해진 인연을 끊으려는 의지가 엿보인다.

사용 방법

해로운 인연이라는 것을 알면서도 끊어내지 못하고 살아가는 이들에게 꼭 필요한 인간 관계 정리의 부적이다. 자신의 힘으로는 그것이 안될 때 이 부적을 지니고 있도록 한다. 인연을 끊지 못하는 것은 상대의 문제도 있지만 자신의 집착도 문제다. 이 부적은 그 마음을 흐리게 만들고 인연을 과감히 정리하게 도와준다.

45. 재회부

정과 사랑을 의미하는 정(情) 글자를 응용하였고 연인이 마주 앉을 수 있는 주안 상과 방석을 배치하였다. 나비 촛대 주위로 반짝이는 불빛이 재회의 기쁨을 나타 내고 있다.

사용 방법

이별하거나 놓친 인연에 대해서 잊을 수 없거나 이 인연에 대해서 다시 한번 만나기를 강하게 소망할 때 이 부적은 서로를 끌어당기는 에너지로 재회하게 도와준다. 때로 오해로 헤어진 사이라서 다시 만나서 화해를 하고 싶다거나 못다한 이야기를 전하고 싶을 때에 사용해도 된다.

46. 취직부

직분, 직책을 뜻하는 직(職) 글자를 응용하였다. 두 마리의 게[二甲]와 갈대[蘆]를 한 화면에 같이 그린 그림을 전로(傳蘆)라 한다. 이것은 두 번의 과거시험인 소과, 대과에 급제하는 것을 의미하는 것이다.

사용 방법

강한 집게발로 한번 물면 놓지 않는 끈기와 성취하는 자세로 원하는 직장에 들어갈 수 있도록 면접시 자신감을 불어넣어준다. 이 부적은 면접관으로 하여금 자신의 이미지를 각인시키기에도 효과가 있다. 평소 갈고 닦은 실력을 최대한 발휘해봄직 하다. 큰 회사이건 작은 회사이건 자신이 몸담고 싶은 곳이 있을 때 지니도록 한다.

47. 합격부

47. 합격부

순서, 차례를 뜻하는 제(第) 글자를 응용하였다. 합격을 기원하는 찹쌀떡을 만들기 위해 방아를 찧는 토끼들과 시험을 칠 때 사용하는 붓과 종이, 한번에 붙기를 기원하는 엿을 배치하였다.

사용 방법

평소에는 잘 치르는 시험이라도 당일 긴장이 되거나 하면 제대로 된 성적을 낼 수 없으므로 이럴 때 이 부적을 지니도록 한다. 자신이 가지고 있는 기량을 잘 발휘할 수 있도록 돕고 번득이는 지혜로 더 나은 결과를 기대해 볼 수 있다. 여러 번의 기회가 없고 유일한 시험일 때는 더 집중해야 하므로 지니면 효과가 좋다.

48. 화합부

화합을 뜻하는 화(和) 글자를 응용하였고 풍요를 상징하는 민화에 잉어와 연꽃을 배치하였다. 잉어는 다산과 장수, 재물을 상징하며 연꽃은 청정하고 고고한 기운을 의미한다.

사용 방법

살아가면서 화합하는 것 만큼 중요한 것이 없다. 혼자 살아가는 세상이 아니므로 여러명이 힘을 합하고 뜻을 합해야 큰 일을 이룬다. 작게는 가족부터 크게는 어떤 사회조직이나 국가적인 면에 이르기까지 마찬가지다. 자신의 뜻을 함께 하고자 할 때 이 부적을 지니고 있으면 타인의 동의를 이끌어낸다. 또한 다른 조직에 자신이 잘 동화되고 싶을 때도 같은 효과를 발휘한다.

49. 환자부

병을 의미하는 병(病) 글자를 응용하였다. 병을 낫게 하는 귀한 약재인 영지 버섯과 산삼 탕약을 끓이는 약탕기를 배치하여 건강을 회복하고자 하는 뜻을 표현하였다.

사용 방법

집 안에 환자가 있거나 스스로 많이 쇠약해졌을 때 지니도록 한다. 사람은 신체가 허약해서 병에 걸리기도 하지만 이 외에도 많은 요인에 의해서 병이 생겨난다. 이 부적은 여러가지 요인들을 두루 살펴서 빨리 건강을 되찾고자 할 때 지닌다. 조금 더 생기를 보태고 활력을 증진시켜서 완치되고자 하는 염원이다.

50. 흉방부

돕다, 보호하다는 뜻의 호(護) 글자를 응용하였고 방위를 보는 기준이 되는 북극성과 북두칠성, 한반도의 지도, 풍수를 나타내는 산과 강을 배치하였다.

사용 방법

한 나라의 수도를 정함에 있어 매우 길한 장소를 가려서 하듯이 한 사람이 살아가는 곳을 정하는 것도 마찬가지이다. 자신이 선택한 곳의 기운이 좋지 않거나, 왠지 자신이 없어 불안할 때 지니도록 한다. 왕래를 위해서 다녀오거나 그 곳으로 한동안 이동할 때도 마찬가지다. 길하지 않은 방위로 가게 됨을 꺼리는 다른 부적과 함께 사용해도 효과가 좋다.

부적 유효기간 및 지니는 방법 !

60갑자 ㅣ 12간지

1. 부적의 유효 기간

전통적인 의미에서 부적은 유효기간이 있다. 세상 물건의 쓰임에 영원한 것이 없으니 부적도 그렇다. 같은 재물부라고 하더라도 지니고 있는 사람의 기운에 따라 다르고 그 효능이 다하는 것도 사람마다 다르다. 대략 3개월에서 6개월 정도를 그 기간으로 보는 편이다. 자신의 바람이 이루어졌다고 생각되면 부적은 깨끗한 장소에서 불에 사르도록 한다.

• • •

2. 부적을 지니는 방법

부적은 자신의 지갑 안에 넣어두거나, 베개 속, 매트리스 아래, 차 안의 서랍 등, 깨끗한 곳에 두도록 한다. 부적종이만 두기 보다는 깨끗한 봉투나 한지에 싸서 넣도록 한다. 다른 물건들과 뒤섞이게 두지 말고 가능한 한 오염되지 않게 주의한다. 또한 다른 사람이 부적을 펼쳐보거나 발견하는 것은 좋지 않은데, 문이나 벽에 붙여두어서 밖으로 부적의 기운을 펼치게 하는 경우도 있지만 대부분은 개인적인 바램을 위해서 지니고 있기 때문에 그러한 부적일수록 비밀스럽게 지니고 있을 것을 권한다.

• • •

3. 자신이 부적을 직접 만들어서 지니고 싶을 때

남이 만들어준 부적을 지니거나, 판매하는 부적을 사야지 효력이 있는 것은 아니다. 자신이 정성 들여서 그린 부적도 효과가 있을 때는 매우 강력하다. 부적의 재료로 예전에는 경면주사나 이런 것을 필요로 했지만 먹으로 쓴 것도 충분히 효능을 발휘하는 편이다. 시중에 파는 붓펜으로 한지에 기존 부적의 글자를 따라서 그려보는 것도 좋다. 부적은 만드는 사람의 마음가짐이 어떠한가에 따라 그 효능이 달라지므로 부적 작성시에는 몸과 마음을 청결히 하고 조용한 장소에서 간단한 기도를 드린 뒤에 만드는 것이 좋다고 알려져 있다.

	갑자 (甲子)	을축 (乙丑)	병인 (丙寅)	정묘 (丁卯)	무진 (戊辰)	기사 (己巳)	경오 (庚午)	신미 (辛未)	임신 (壬申)	계유 (癸酉)
태어난 해	1984	1985	1986	1987	1988	1989	1990	1991	1992	1993
	갑술 (甲戌)	을해 (乙亥)	병자 (丙子)	정축 (丁丑)	무인 (戊寅)	기묘 (己卯)	경진 (庚辰)	신사 (辛巳)	임오 (壬午)	계미 (癸未)
태어난 해	1994	1995	1996	1997	1998	1999	2000	2001	2002	2003
	갑신 (甲申)	을유 (乙酉)	병술 (丙戌)	정해 (丁亥)	무자 (戊子)	기축 (己丑)	경인 (庚寅)	신묘 (辛卯)	임진 (壬辰)	계사 (癸巳)
태어난 해	2004	2005	2006	1947	1948	1949	1950	1951	1952	1953
	갑오 (甲午)	을미 (乙未)	병신 (丙申)	정유 (丁酉)	무술 (戊戌)	기해 (己亥)	경자 (庚子)	신축 (辛丑)	임인 (壬寅)	계묘 (癸卯)
태어난 해	1954	1955	1956	1957	1958	1959	1960	1961	1962	1963
	갑진 (甲辰)	을사 (乙巳)	병오 (丙午)	정미 (丁未)	무신 (戊申)	기유 (己酉)	경술 (庚戌)	신해 (辛亥)	임자 (壬子)	계축 (癸丑)
태어난 해	1964	1965	1966	1967	1968	1969	1970	1971	1972	1973
	갑인 (甲寅)	을묘 (乙卯)	병진 (丙辰)	정사 (丁巳)	무오 (戊午)	기미 (己未)	경신 (庚申)	신유 (辛酉)	임술 (壬戌)	계해 (癸亥)
태어난 해	1974	1975	1976	1977	1978	1979	1980	1981	1982	1983

12간지	시간대	달(음력)
자 子 (쥐)	오후 11시 ~ 오전 1시 (23시 ~ 1시)	11월
축 丑 (소)	오전 1시 ~ 오전 3시 (1시 ~ 3시)	12월
인 寅 (호랑이)	오전 3시 ~ 오전 5시 (3시 ~ 5시)	1월
묘 卯 (토끼)	오전 5시 ~ 오전 7시 (5시 ~ 7시)	2월
진 辰 (용)	오전 7시 ~ 오전 9시 (7시 ~ 9시)	3월
사 巳 (뱀)	오전 9시 ~ 오전 11시 (9시 ~ 11시)	4월
오 午 (말)	오전 11시 ~ 오후 1시 (11시 ~ 13시)	5월
미 未 (양)	오후 1시 ~ 오후 3시 (13시 ~ 15시)	6월
신 申 (원숭이)	오후 3시 ~ 오후 5시 (15시 ~ 17시)	7월
유 酉 (닭)	오후 5시 ~ 오후 7시 (17시 ~ 19시)	8월
술 戌 (개)	오후 7시 ~ 오후 9시 (19시 ~ 21시)	9월
해 亥 (돼지)	오후 9시 ~ 오후 11시 (21시 ~ 23시)	10월

24가지 상황에 맞는 부적카드 활용!

단순히 부적 카드만으로도 마음의 위로를 얻고 싶을 때
사용할 수 있는 방법으로 여러 상황에 맞는 부적카드 활용법 입니다.

POINT

1 현재 상황에 적절한 카드를 선택해서 지니고 있도록 한다.

2 때로는 부적 카드만 모두 나란히 한 후에 오늘 하루를 무난히 보낼 부적은 어떤 것이 있을까 생각하면서 한 장을 뽑아서 지니고 있어도 좋다. 예를 들어 가족 중의 한 명이 갑자기 먼 곳으로 출장을 간다거나 어젯밤 꿈이 좋지 않은 채로 출근을 서둘러야 한다거나 어떤 모임에 초대를 받았는데 나가야 할지 망설여진다거나 하는 등 사소하지만 근심이 생기는 문제에 대해 즉각적인 도움을 준다.

3 무작위로 뽑는 카드도 당신의 하루에 필요한 카드일지 모른다. 세상의 모든 일이 마음먹은 대로 되지 않는다는 것에 대해 불안감을 느끼는 당신에게 작은 위로가 되어줄 것이다.

4 카드를 전용박스에 세워서 놓아둔 채로 한 장씩 고르는 것도 편리하다. 그림이 전면을 향하지 않게 해야지 제대로 된 부적을 선택할 수 있다.

24가지 상황에 맞는 부적카드 활용 !

1. 먼 길을 떠나게 되어서 불안할 때(유학, 전근, 여행 등)

8. 교통안전부

30. 수륙부

40. 원행부

간략설명 : 낯선 곳으로의 이동은 들뜨고 기대되는 마음도 있으나 위험한 일을 겪지나 않을지 염려가 된다. 그렇기에 교통 수단과 이동하는 여정을 지켜주는 힘이 필요하다.

2. 방위가 불길한 곳으로 가야만 하는 일이 생길 때

25. 선신수호부

35. 안손부

50. 흉방부

간략설명 : 많은 정보를 모으고 준비한다고 해도 제대로 되지 않거나 낭패를 볼 때가 있다. 사람이 하는 일에는 변수가 늘 따르는 법이므로 이런 부분까지 잘 대비하는 것이 필요하다.

2. 개운부

21. 복덕부

27. 소재부

간략설명 : 새로운 직장에 적응해야 할 때에 좋은 기운을 받는 것은 매우 중요하다. 역시 처음 만나는 사람과 처음 대하는 업무도 마찬가지다. 좋지 않은 일이 생기는 것을 막아주기도 한다.

25. 선신수호부

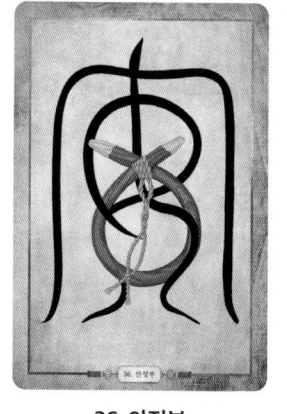

36. 안정부

49. 환자부

간략설명 : 좋은 음식을 먹고 늘 운동하며 건강에 신경을 쓴다고 하더라도 질환이 생긴다. 그렇기에 알 수 없는 원인으로 건강을 잃으면 신들의 보호를 청하고 환자는 약을 잘 먹고 쾌유하기를 바란다.

5. 재물이 모이지 않아서 힘이 들 때

12. 금은자래부

17. 마재부

21. 복덕부

간략설명 : 돈 버는데 노력하지 않는 사람은 없지만 돈이 모이는 사람은 따로 있다. 자신에게 더 강한 재물의 기운을 끌어모으고 금전운을 당겨주는 조치가 필요하다. 돈에도 눈이 있다고 한다.

6. 시험에 합격하거나 자격증을 따고 취직을 원할 때

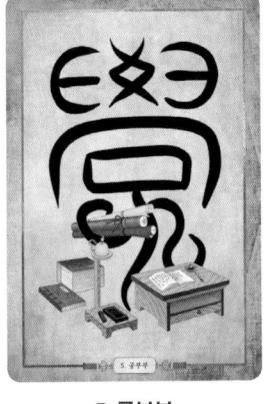

5. 공부부

46. 취직부

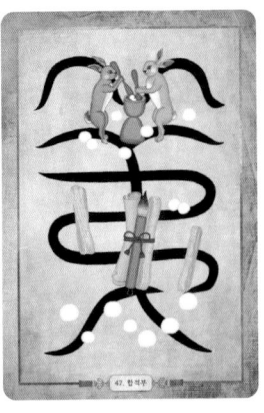

47. 합격부

간략설명 : 평소에는 잘 하다가도 공식적으로 시험을 치러가거나 어디에 합격해야 할 때 미끄러지는 사람이 있다. 긴장해서 자신의 실력을 잘 발휘하지 못하거나 할 때도 좋은 부적이다.

13. 길연부

24. 상애부

37. 애인총애부

간략설명 : 진전이 없는 연애를 하고 있거나 상대방에게 자신의 마음을 전달하지 못하고 우물쭈물 하고 있을 때 필요한 부적들이다. 서로의 마음을 확인하고 사랑받을 수 있게 도와준다.

18. 망신살부

41. 인기부

48. 화합부

간략설명 : 인기가 있어서 늘 사람의 이목을 끄는 사람에겐 구설도 함께 한다. 그러다보니 노출된 상태에서 자신을 보호해줄 방어막이 필요하다. 잘 해놓고 나중에 실속이 없으면 보람이 없다.

9. 최근 꿈자리가 좋지 않아서 불안할 때

| 9. 구령부 | 15. 도액부 | 34. 악몽부 |

간략설명 : 충분한 수면은 삶의 질을 좋게 하는 필수적인 조건이다. 갑자기 악몽을 꾸거나 이사를 간 집에서 흉한 꿈을 꾼다면 어떤 조치를 하는 게 좋다. 이 부적은 꿈을 지키는 수호자이다.

10. 대인관계가 순탄하지 않을 때

| 13. 길연부 | 41. 인기부 | 48. 화합부 |

간략설명 : 사람이 나빠서가 아니라, 안맞는 사람들끼리 만나면 대책이 없다. 어딘가는 삐그덕대는 소리가 날 수 밖에 없다. 그래서 서로에게 잘 적응하고 지켜줄 것은 지키는 게 필요하다.

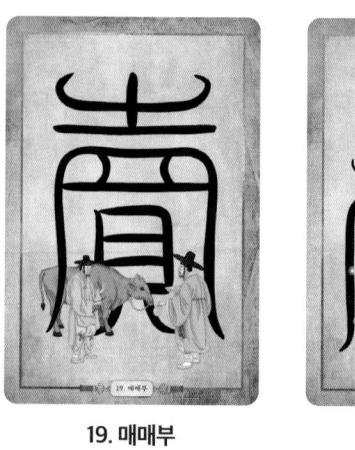

19. 매매부

28. 속매부

43. 재수부

간략설명 : 부동산이든 물건이든 팔아야겠다고 마음을 먹고나면 정이 떨어진다. 그 때부터는 빨리 팔리지 않는 것에 대한 초조함이 생긴다. 그래서 시간을 앞당겨서 팔리게 도움을 준다.

7. 관재부

26. 소원부

29. 송사부

간략설명 : 일생을 살아가면서 소송을 하거나 당할 일이 없다면 좋겠지만 인생길이란 알 수 없는 법이다. 선량하게 살지 않아서 소송을 당하는 것도 아니기에 자신의 힘을 강하게 만들 필요가 있다.

13. 헤어진 연인과 재회하고 싶을 때

13. 길연부

24. 상애부

45. 재회부

간략설명 : 남의 것이 더 좋아보이고 헤어진 연인이 더 생각나는건 사람이라서 그렇다. 자신의 마음이지만 자신도 어찌 하지 못하기에 이럴 때 다신 만나게 도와주는 기운이 필요하다.

14. 새로운 가게를 개업하게 되었을 때

3. 개점부

12. 금은자래부

17. 마재부

간략설명 : 희망을 가지고 새로운 가게를 열었으니 첫출발부터 좋은 손님이 들어오기를 기대하는 건 당연하다. 눈이 어두운 손님도 자신의 가게를 잘 보고 찾아오시기를 기대하는 마음이다.

15. 승진을 앞두고 있을 때

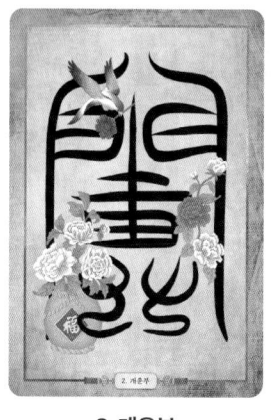

2. 개운부

4. 공덕부

6. 관록부

간략설명 : 회사 생활을 하는 사람이라면 승진만큼 좋은게 없다. 그런데 일을 잘한다고 꼭 승진의 기회가 균등하게 돌아가는 것도 아니다. 이럴 때에 강한 기운을 끌어 올릴 수 있는 부적이 필요하다.

16. 집안에 누군가 돌아가실 기미가 보여서 불안할 때

20. 백호살부

23. 상문부

49. 환자부

간략설명 : 가족 중에 환자가 생긴다면 마음이 힘들다. 회복할 수 있게 돕는 활력도 필요하나 연로하신 분이 계시고 나아질 기미가 없다면 좋은 마지막을 준비하는 마음가짐도 필요하다.

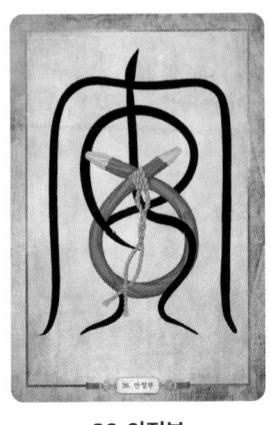

31. 신경병부　　　**36. 안정부**　　　**38. 옥추부**

간략설명 : 마인드 컨트롤을 하기 힘들 때가 있다. 마음은 평화를 찾아야 한다고 부르짖지만 마치 풍랑에 휩쓸린 작은 배처럼 조절하기 어려울 때 특별히 이 부적들은 효력을 발휘하며 안정감을 준다.

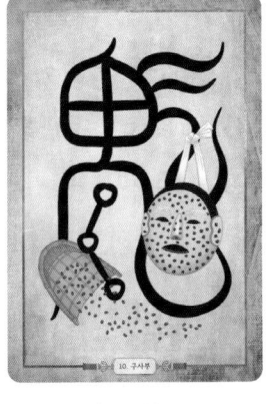

10. 구사부　　　**33. 신조부**　　　**42. 자동신장부**

간략설명 : 본인이 평소 하지 않는 행동을 하거나 다른 사람이 된 것 같은 언행을 할 때는 매우 위험하다. 보이지 않는 존재들로부터 위협을 받는지도 모른다. 이럴 때에 자신을 지키는 것이 중요하다.

| 4. 공덕부 | 25. 선신수호부 | 26. 소원부 |

간략설명 : 꼭 재물이 아니더라도 사람마다 마음 속에 바라고 있는 소망들이 있다. 그것을 이루고자 하나 남의 도움을 받을 수도 없고 속시원하게 털어놓기 힘들 때에 신력의 도움을 받을 수 있다.

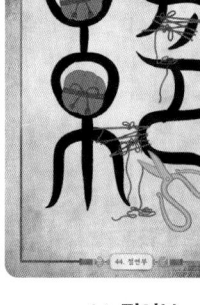

| 18. 망신살부 | 39. 원진살부 | 44. 절연부 |

간략설명 : 좋은 인연은 만나기가 힘들고 악한 인연은 헤어지기가 힘들다. 또한 미움도 애정에서 비롯된 감정이므로 자신의 힘으로는 도저히 악연을 해결할 방법이 없을 때 필요한 부적이다.

1. 가출부

15. 도액부

48. 화합부

간략설명 : 자신이 현실을 부정하거나 모든 것을 놓아버리고 싶은 생각이 들 때 중심을 잡아야 한다. 또는 가족 구성원이 연락이 되지 않거나 할 때도 이 부적들은 그 효력을 발휘한다.

14. 단명부

32. 신살부

40. 백호살부

간략설명 : 남과 다르지 않은 생활 습관과 행동 반경인데도 툭하면 사고가 나는 사람이 있다. 그럴때 그 불안을 완화해주고 보호력을 증강시켜야만 한다. 악한 기운의 장소를 갈 때도 마찬가지다.

23. 삼재를 겪고 있어 몸을 조심해야 할 때

15. 도액부   16. 동토부   22. 삼재부

간략설명 : 누구나 자기 띠에 해당하는 삼재의 삼년을 보내야 한다. 사계절 중에서도 추운 겨울이 있는 것 처럼 인생의 겨울인지도 모른다. 이 때를 무사히 보내게 해달라는 염원이 담긴 부적이다.

24. 자신감이 없어서 매사 무기력하고 우울함이 심해질 때

  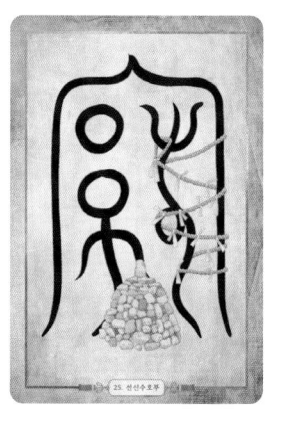

2. 개운부   13. 길연부   24. 선신수호부

간략설명 : 충전기가 있어서 모자라는 전기를 채울 수 있는 기계처럼 사람의 운에도 비슷할 때가 많다. 모든 에너지가 방전되어 있어서 힘이 들 때에 외부로부터 좋은 기운을 충전해본다.

만신 I, 만신 II 카드와 부적 카드를 연계해서 리딩해보기 !

나에게 닥칠 위험이나 조심해야 될 사항은 어떤 것인지 알아보는 방법중에
만신 I 혹은 II 카드를 부적 카드와 연계해서 알아보는 방법을 소개한다.

사용 방법

1 질문을 정하고 나서 만신 카드(I 혹은 II)를 스프레드 한 뒤에 선택해서 나열한다.

2 역시 같은 질문을 상기하면 부적 카드를 스프레드 한 뒤에 선택해서 나열한다. (매수는
상관 없다. 각자 자신이 정한 배열법을 따라도 되고,기본 3장으로 해도 된다.)

3 이제 카드들을 한 장씩 보며 만신카드에서 나온 요소들과 부적 카드가 일치하는지를
확인해본다. 일치하지 않는다면 잠재적인 요소엔 어떤 것이 있을지 리딩한다.

4 만신 카드에서 어떤 카드들이 나왔는지 살펴보면서 리딩의 결과가 긍정적인지 부정적
인지를 판단한다. 또 희망의 요소가 있는지, 결과가 원하는 만큼 나올지도 본다. 부적 카드
에서도 만신 카드에서와 같은 상징의 카드가 나왔는지를 우선 판단한다. 비슷한 카드가
나왔다면 그것은 확실히 자신에게 필요한 부적이 될 것이다. 만일 만신 카드와 조금 다른
부적이 나왔다고 해도 왜 이러한 부적이 나왔는지 추측해가면서 추가로 더 만신 카드를
뽑아 볼 수도 있다. (이러한 경우는 잠재적인 요소를 부적 카드에서 상징하는 것일 수도 있
다.)

5 이 외에도 자신이 정한 배열법에 따라서 부적 카드도 몇 장 더 추가로 뽑으면서 최종적
으로 자신에게 필요한 부적이 무엇인지를 판별해도 좋다. 그 내용을 리딩한 다음 이를 위
해선 어떤 부적이 필요할지를 생각하면서 부적카드에서도 선택한다.

6 단순히 부적카드만 뽑으면서 자신에게 필요한 부적을 선택해도 무방하다. 이 때에 좋
은 운이 나오면 이를 더 강화하는 의미로, 좋지 않은 운이 나오면 대비하고 방어하는 의미
로 부적카드를 지니고 있으면 좋다.

만신 카드와 부적 카드를 연계해서 리딩해보기 !

(대길, 소길, 대흉, 소흉)

대길(大吉) ㅣ 만신 I 카드와 보는 법!

만신 I 카드에서 길하고 부적에서도 길하다면 대길로 본다.

• • •

 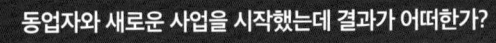

Q 동업자와 새로운 사업을 시작했는데 결과가 어떠한가?

A 아래의 만신 I 카드에서는 동업하는 운이 매우 길함을 알 수 있고 그 결과도 흡족할만한 혼례 카드가 나왔다. 중앙에 서왕모가 있음으로 여성의 역할, 맏언니, 여자대표, 집안에서의 나이 든 여자분의 도움 등등을 알 수 있고 동업자 중의 한 명으로도 보인다. 부적 카드 또한 재물을 얻고, 운을 열어주며 화합하는 카드들이 나왔다. 이로써 '대길'함을 알 수 있고 성공의 기운은 매우 강하게 상승시키는 이 부적들을 활용해본다.

대길(大吉) ㅣ 만신 II 카드와 보는 법!

만신 II 카드에서 길하고 부적에서도 길하다면 대길로 본다.

• • •

Q 현재 사귀는 사람과 결혼까지 가능한가?

A 아래의 만신 II 카드에서는 무난한 연애와 결혼까지 이어지는 행복한 흐름을 한 눈에 파악할 수 있다. 중앙의 '펜타클의 여왕'은 커플 중에서도 여성의 역할이 더 중요함을 말해주며 이 관계를 이끌어감도 알 수 있다. 이럴 때에는 프로포즈를 여성이 하더라도 상관없으며 남성이 은근하게 그런 것을 기다리고 있다고 해석할 수도 있다. 부적 카드 또한 이것을 뒷받침 해주는 사랑에 관한 매우 강력한 카드들이 나왔다. 이로써 질문사항에 만족할만한 '대길'로 판단한다.

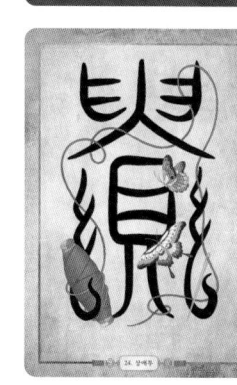

소길(小吉) | 만신 I 카드와 보는 법!

만신 I 카드에서 불길하지만 부적 카드에서 길하다면 소길로 본다.

• • •

퇴직을 해야하는데 그 이후가 어떻게 될 것인가?

아래의 만신 I 카드에서는 종용을 받아서건 자의에 의해서건 확실히 직장을 떠나는 것을 알수 있고 카드의 결말이 좋지 않으니 재물운이 하락하고 또한 퇴직금의 여부도 확실치 않다고본다. 그러나 다행히도 부적 카드에서 나름대로 좋은 카드들이 나오니 너무 절망하지 않아도된다. 또한 내담자에게는 이 부적 카드에서 나오는 에너지가 꼭 필요한 시점이라는 말도 된다. 어려움이 있으나 자동신장부에서 지켜주고 있고 곧 이어 평안을 되찾는 안정부가 나왔다.따라서 이 경우는 '소길'로 판단한다.

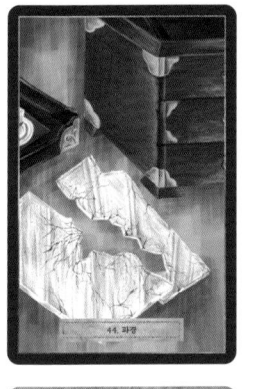

소길(小吉) I 만신 II 카드와 보는 법!

만신 II 카드에서 불길하지만 부적 카드에서 길하다면 소길로 본다.

• • •

Q 이사를 가야하는데 방향이 맞지 않아서 불행하게 되지는 않을까?

A 아래의 만신 II 카드에서는 힘겨운 이동을 하는 카드들이 대거 나왔으며 그 내용 또한 어려움에 처한 상황을 여실히 알 수 있다. 하지만 부적 카드에서는 의외로 좋은 카드들이 등장하고 있으며 역시 원행부를 미루어보아 움직이고 이동하는 것은 어쩔 수 없지만 오히려 이것이 미래를 위해서는 더 나은 일이며 개운부와 재수부가 같이 나옴으로써 곧 좋은 일이 더 많이 일어나니 현재의 고생은 보람없지 않다는 것을 알 수 있다. 따라서 이 경우는 '소길'로 판단한다.

대흉(大凶) I 만신 I 카드와 보는 법!

만신 I 카드에서 불길하고 부적에서도 불길하면 대흉으로 본다.

• • •

Q 골동품을 구입하고 나서 가족들이 몸이 좋지 않은데 혹시 그것이 원인인가?

A 아래의 만신 I 카드에서는 집 안으로 알 수 없는 존재가 들어오며 게다가 사연이 많은 혼령과 무너진 무덤 카드가 연속으로 나옴으로 해서 그에 대한 대답을 짐작할 수 있다. 부적 카드에서도 이와 동일하게 매우 불길한 단명부와 상문부 등이 나오며 심각한 현재의 상황을 알 수 있다. 신살부가 나옴으로 해서 가족이 크게 위협받고 있으니 대처가 필요한 '대흉'으로 본다. 이러한 상황에서는 좀 더 적극적으로 운을 바꾸는 방법을 찾고 노력해야 한다. 골동품은 다시 반납하거나 박물관에 기증하는 것도 생각해본다.

84

대흉(大凶) I 만신 II 카드와 보는 법!

만신 II 카드에서 불길하고 부적에서도 불길하면 대흉으로 본다.

• • •

Q | 소송을 앞두고 있는 상황에서 어떻게 전개되어 가는지 알고 싶다.

A 아래의 만신 II 카드에서는 소송이 내담자에게 전혀 유리하지 않으며 결말 또한 속임수, 혹은
누군가 나를 노리고 있는 배신을 상징하는 카드가 나옴으로써 쉽게 마음을 놓아서는 안된
다는 것을 알려준다. 부적 카드에서도 역시 흉한 카드가 모두 출동하였으며 내담자를 노리고
있는 존재들을 막아야 한다는 의미로 해석할 수 있다. 따라서 상대방을 만만하게 여기고 가
벼운 대응을 하려고 해서는 안되고 더욱 철저한 준비가 필요하다. '대흉'을 미리 알면 대처 할
수 있다.

소흉(小凶) ㅣ 만신 I 카드와 보는 법!

만신 I 카드에서 길하지만 부적에서 불길하다면 소흉으로 본다

• • •

 **Q** 귀인이라고 여기는 사람에게 도움을 요청 했는데 이루어질까?

 **A** 아래의 만신 I 카드에서는 도와줄 이가 기다리고 있으며 선신들의 도움으로 가능하다고 볼 수 있다. 그러나 부적 카드에서는 도움을 요청했다가 오히려 질책을 받는 등의 망신살부가 나왔으며 인연을 정리하는 절연부도 나왔다. 귀인이 귀인이 아니라는 이야기다. 그러나. 만신 카드에서 희망이 보이므로 혹시 내담자가 귀인이라고 여기는 사람 말고 다른 사람으로부터 도움의 손길이 온다고 희망을 찾아보자. 신경병부로 보았을 때 이 문제로 인하여 매우 신경 이 예민해지니 누그러뜨리라는 말도 된다. 따라서 이 경우는 '소흉'으로 판단한다.

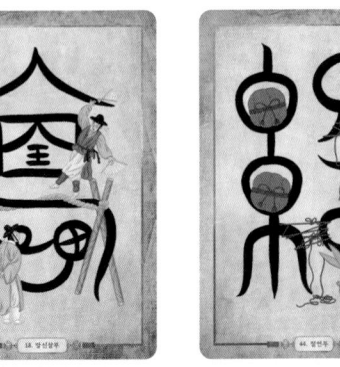
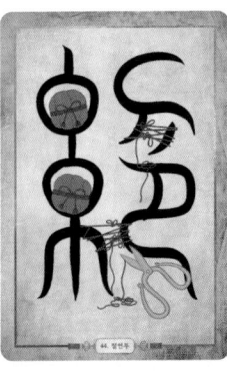

소흉(小凶) | 만신 II 카드와 보는 법!

만신 II 카드에서 길하지만 부적에서도 불길하면 소흉으로 본다.

• • •

 이번 승진에서 탈락하지 않고 원하는대로 될 수 있을까?

 아래의 만신 II 카드에서는 자신이 승진 대상에 올라있기는 하지만 상급자의 판단을 아직 기다려야 하고 매우 희망적임을 암시하는 카드들이 나왔다. '에이스 컵스' 카드는 승진하고자 하는 내담자의 마음이 강하다는 것을 알려준다. 그러나 부적 카드에서는 혹시 삼재가 아닌가 다시 생각해보라는 카드가 등장하며 원진살부로 미루어 보아서 의외로 상급자로부터 미운 털이 박힌 상황일지도 모른다고 여겨지기도 한다. 하지만 마지막에 공덕부가 나옴으로써 기도를 드리거나 남을 돕는 등의 좋은 일을 해서 자신의 에너지를 모으라는 암시가 나왔다. 이 경우는 '소흉'이다.

만신 1 카드 리딩으로 맞는 부적 찾기 !

만신 1 카드는 여러가지 방면에서 필요한 메세지를 알려준다. 오라클 카드로 분류되어 있긴 하지만 그 기능은 사용하는 분들에 따라서 복합적이고 심오한 부분까지 리딩이 가능하도록 만들어져 있다. 부적 카드만 사용해도 무방하지만 이미 만신 1 카드를 사용하고 있는 분들에겐 더 정확도를 높이고 질문에 대한 해답을 구하는 의미에서 함께 사용하시길 권한다. 솔루션 개념으로 내담자, 또는 손님에게 제시할 수 있으며 본인을 위해서도 충분히 활용이 가능하다.

사용 방법

1 자신의 질문을 정하고 만신 1 카드를 뽑는다. (매수는 자신이 정해도 된다)

2 선택한 카드를 리딩하면서 긍정적인 면과 부정적인 면을 확인한다.

3 좋은 점은 더 강화해주고, 안좋은 점은 대처해 줄 수 있는 부적을 찾아본다.

4 만신카드 1과 2를 복합적으로 활용해도 좋다.

만신 1 카드로 운세를 알아보고
그에 맞는 부적은 무엇이 있는지 알아보자!

취직운 | 연애운 | 재물운 | 건강운 | 이동운

신들의 가호가 필요할 때 :
어떤 질문을 알고 싶은 목적이 아니더라도 자신을 지켜주시는 신들의 보호에 감사드리고
앞으로도 지켜주시길 바라는 마음에서 만신 카드를 리딩하고 그에 맞는 부적을 연결해 보아도 좋다

74. 엽전 1

72. 모내기

73. 마패

오랫동안 목표로 준비했던 직장에서 면접을 보려 할 때 위의 카드들이 나오면 취직운이 좋은 편에 속한다. 가까운 과거의 시간을 상징하는 자리에는 인내심을 가져야 한다는 '엽전1'카드가 나왔고 지금은 내일에 대한 희망을 상징하는 '모내기'카드, 결과에는 허가를 받는다는 뜻의 '마패'카드가 나왔다. 따라서 이 정도의 흐름이라면 당연히 취직이 된다고 리딩할 수 있다. 하지만 마음을 놓기는 이르다.

! 이럴 때일수록 자신의 에너지를 한층 더 끌어올려서 마지막까지 좋은 결과를 기대해 볼 수 있는 부적 카드는 다음과 같다.

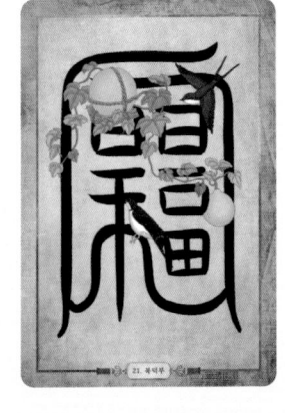
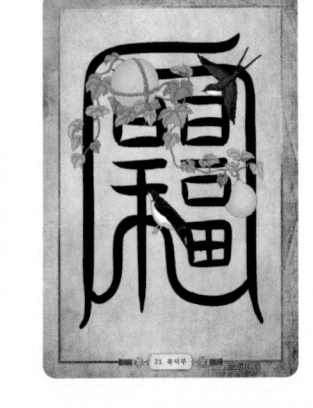

46. 취직부

21. 용의부

42. 합격부

44. 파경   15. 삼불제석   81. 엽전 8

   몇 년 동안 취직을 못해서 힘든 시간을 보내다가 그나마 용기를 내어서 이번에는 적극적으로 면접을 보러 다닐까 생각중이다. 이럴 때에 이 카드가 나온다면 비로소 좋은 운이 들어왔음을 알 수 있다. 과거의 시간은 '파경'카드로 힘들었음을 알 수 있고 현재는 '삼불제석'카드로 도움의 손길이 오고 있음을 알 수 있다. 결과에도 수확을 상징하는 '엽전8'카드가 나옴으로 좋은 운이 왔으니 이 기회를 놓치지 않고 취직에 도전하는 것이다. 아무리 좋은 운도 쓰지 않으면 그대로 나가버리는 법이다.

! 이럴 때에 자신의 힘을 더 끌어올리는 부적 카드는 다음과 같다. '인기부'는 면접관에게 좋은 이미지로 어필하기 위함이다.

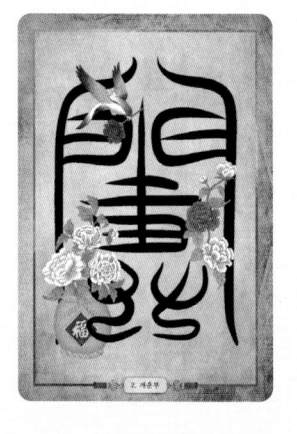

46. 취직부   5. 개운부   41. 인기부

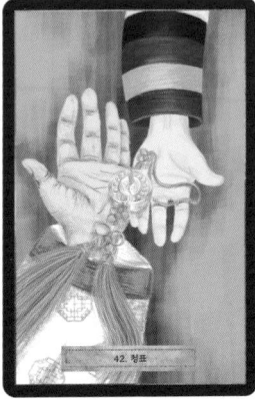

 인연이 되는 지인의 도움을 받아서 취직을 기대해 볼 때 나오는 카드들이다. 모르는 회사에 취직하는 것이 아니라 소개를 받아서 취직을 해볼까 할 때 유리한 카드들이 나왔다. '관우장군' 카드와 '정표' 카드는 밀접한 대인관계를 상징하며 자신을 도와주려는 의지가 매우 강한 사람이 있음을 알려주는 카드이다. 결과 카드에는 '제석천' 카드가 나오는데 아마 지인이거나 면접관일 수도 있을 것이다. 원칙을 고수하는 보수적인 면이 있긴 하지만 충분히 준비를 잘 한다면 취직이 될 것이다.

! 인생에서 적절한 시기에는 타인의 작은 도움이라도 참으로 필요할 때가 있는 법이다. 이럴 때 힘이 되는 부적 카드는 다음과 같다.

취직운은 있으나 징크스로 인해 합격운이 모자랄 때가 있다. 왜 그런지 알아보려고 할 때 위의 카드들이 나온다면 원인에 대한 깊은 통찰이 필요하다. 과거의 시간에 등장한 '옥황상제' 카드 이전에 들어와 있던 합격운은 나쁘지 않음을 짐작해볼 수 있다. 그리고 '출산' 카드는 새로운 시작을 나타내지만 아직은 시험이나 면접에 대한 준비를 충실히 하지 못하고 자신만의 착각에 빠져 있는 유약함을 상징한다. 귀가 얇아서 주변에서 잘못된 정보를 얻어듣고 있는 것은 아닌지 고민해 봐야 한다.

! '정화수 기도' 카드가 마지막에 나옴으로써 더욱 더 노력하라는 신호로 여겨진다.
이때 필요한 부적 카드는 다음과 같다.

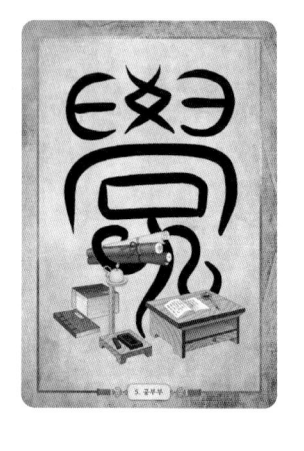

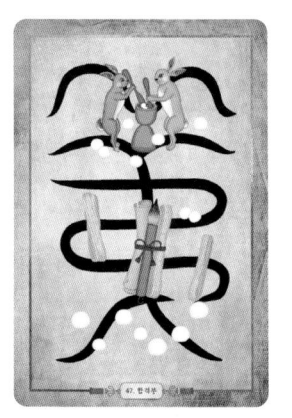

38. 귀부인

30. 호랑이

53. 사냥꾼들

   두 군데 이상의 회사에서 합격 통지를 받거나 본인이 그런 선택의 기로에 서있을 때 위의 카드들이 나온다면 여기저기 자로 재다가 정작 취직할 기회를 놓치는 것은 아닌지 걱정해야 한다. 과거의 시간에 '귀부인' 카드가 나오니 눈치가 백단이고 센스가 없는 사람은 아니다. 그러나 지금은 그런 눈치작전보다는 '호랑이' 카드처럼 우직하게 있으라는 경고의 의미를 되새겨야 한다. 결말에 '사냥꾼들' 카드가 나오니 좋았던 시절이 역전되어 두 군데서 모두 퇴짜를 맞을지도 모른다는 것을 명심해야 한다.

! 마음에 욕심과 번민이 없을 수는 없으나 선택을 해야한다면 한 쪽을 빨리 정하고 마음을 다잡는 것이 좋다. 이 때 필요한 부적 카드는 다음과 같다.

15. 도액부

21. 축원부

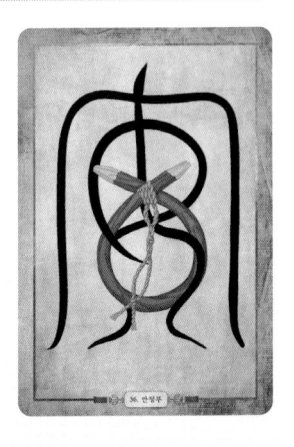

36. 안정부

 취직을 해야하는 현실이지만 마음의 갈피를 잡지 못해서 힘들 때 위의 카드들이 나온 다면 경고의 표시로 받아들여야 한다. 과거의 시간에 '여산신' 카드가 나왔으니 취업운 도 있었고 주변에서 도와주는 이도 있었다. 지금도 '엽전 2' 카드에서도 도움의 손길이 있음을 알 수 있다. 그러나 정작 자기 자신이 선택하고 정해야 할 일이 아직 남아있으므 로, 취직운의 결말이 '밤길 나그네' 카드이다. 숲속에서 길을 잃고 의심스러운 집으로 들 어가는 상상만 해도 취직과는 거리가 멀어진다.

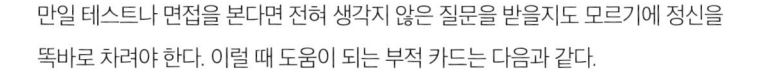

! 만일 테스트나 면접을 본다면 전혀 생각지 않은 질문을 받을지도 모르기에 정신을 똑바로 차려야 한다. 이럴 때 도움이 되는 부적 카드는 다음과 같다.

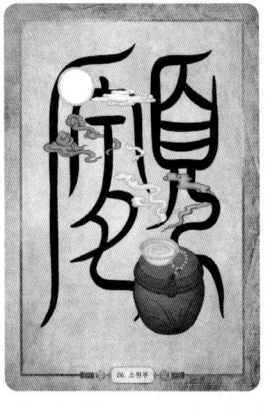

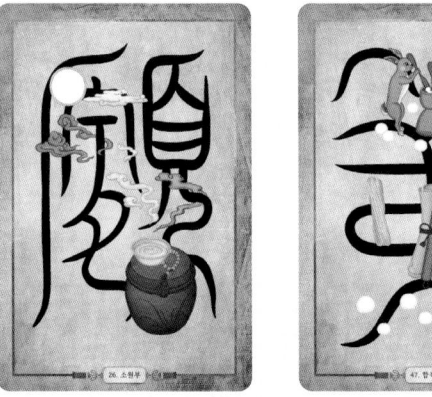

7. 치우 52. 점사 35. 행복한 가족

만신 리딩

헤어진 연인과 재회를 원할 때 위의 카드들이 나오면 결과적으로는 재회운이 있다고 해석할 수 있다. 과거의 시간에 '치우' 카드가 나옴으로써 이번이 첫 번째 이별이 아니었고 비슷한 상황이 이전에도 있었음을 알 수 있다. 현재에 '점사' 카드가 나와 있으니 독단적인 생각으로 움직이기보다는 주변 사람들에게 조언을 얻어 연락해 보는 것이 좋으며, 결말에 '행복한 가족' 카드가 나옴으로써 두 사람의 재회는 아름다운 결과를 얻는다고 보인다. 상대방도 자신을 다시 만나기를 원하고 있을 가능성이 높으므로 재회에 대한 자신감을 가져도 좋겠다.

! 이럴 때 이 운을 더욱 강화하기 위해 연결되는 부적 카드는 아래와 같다.

1. 가출부 39. 원앙상부 45. 재회부

 서로 오래 사귄 커플이 앞으로 관계가 어떻게 전개될 것인지 궁금해할 때 위의 카드들이 나왔다. 과거의 시간에 '혼례' 카드가 나옴으로써 예전에 결혼에 골인할 수 있었던 기회가 있었으나 놓쳐버렸을지도 모른다는 사실을 알 수 있다. 현재는 '물동이' 카드가 나왔으니 서로 번민하는 마음과 갈등도 보인다. 하지만 결말에 '서왕모' 카드가 나옴으로해서 결혼까지 다다르는 행복한 순간을 예상해본다. 그러나 보이다시피 여성의 역할이 매우 중요하기에 수동적으로 기다리거나 프로포즈를 기대하고만 있지 말고 적극적으로 자신의 감정을 표현하고 애정이 결실을 맺을 수 있도록 행동함이 좋다.

! 이럴 때 이 운을 더욱 강화하는 부적 카드는 다음과 같다.

 지금 교제하고 있는 사람과 계속 만나도 될 지 확신이 서지 않는데 다음의 카드들이 나왔다. 얼핏 봐도 그다지 좋은 카드들이 아니다. 과거의 시간에 '밀회' 카드가 나옴으로써 주변인들을 속이고 만나느라 애를 썼다는 사실을 알 수 있다. 현재는 '엽전3' 카드로 그럼에도 불구하고 이미 소문이 날 만큼 다 나고 있는 상태이며, 없는 말까지 꾸며내서 부풀려지고 있음을 알 수 있다. 결말은 '팔선녀' 카드가 나옴으로써 구설수에 더욱 시달릴 수 있고, 관계가 길게 이어지지 못할 가능성이 매우 높다. 서로를 믿는 절대적인 신뢰가 이 두 사람 사이에는 절실하게 필요하다.

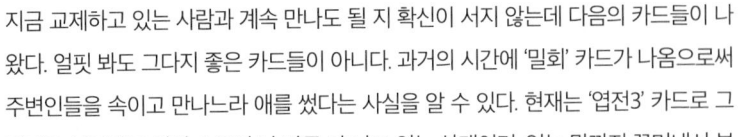

! 이럴 때 연결해 볼 수 있는 부적 카드는 아래와 같다.

 인기가 없는 편은 아닌데 애인이 없이 혼자 지내게 된 지 오래 되었고 그 이유를 알고 싶을 때 위의 카드들이 나왔다. 과거의 시간에 '그네타기' 카드가 나왔으니 아직 누군가를 사랑하기보다는 자신의 즐거움이 우선인 상태였으며 저울질도 꽤 심했다. 현재도 '짝사랑' 카드가 나왔으니 내가 좋아하는 이는 나를 사랑해주지 않고 내가 관심없는 이가 나를 좋아한다. 성숙한 사랑을 하고자 하나 막상 대상이 나타나주지 않는 괴로움을 말해준다. 결말도 '초립동' 카드가 나왔으니 어딘가에 얽매임을 싫어하여 애정에 있어서 조금 더 신중해질 필요가 있다.

! 이럴 때 필요한 부적 카드는 다음과 같이 연결해 본다.

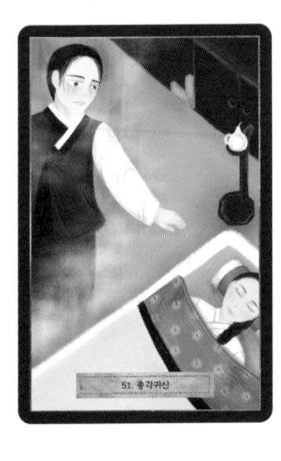

만신리딩 연인과 사귀려고 할 때에 시작하는 단계에서 알 수 없는 이유로 인해서 늘 좌절된다. 이유를 알고 싶어할 때 위의 카드가 나왔다. 과거의 시간에는 '저주인형' 카드가 나와서 여실히 사랑의 훼방꾼이 있었음을 알 수 있다. 그것은 자신을 저주하는 실제적인 사람이거나 또는 영혼의 존재일 수도 있다. 현재도 '길 떠나는 사람' 카드로 미루어보아 만나자마자 헤어지는 장면이 연상된다. 결말도 '총각귀신' 카드로 영적 존재의 개입을 알 수 있다. 이런 상태에서 사람의 노력은 무의미하다.

> **!** 이럴 때 필요한 부적 카드는 다음과 같다.

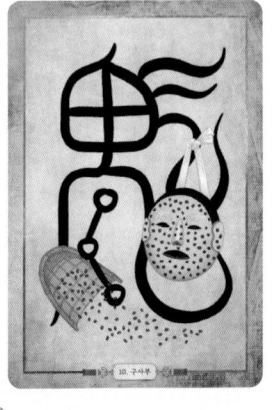

 이성을 사귀어보고자 생각은 하지만 실제로 행동에 옮겨서 만나려 하지 않는다. 원인이 뭘까 궁금해 할 때 다음의 카드가 나왔다. 과거의 시간에는 '업신' 카드가 나옴으로써 한 사람을 사귀면 지나치다 싶을만큼 오래 사귀는 순애보적인 사랑을 엿볼 수 있다. 그 뒤로 새로운 사랑을 하지 못하는 것을 현재 '할아버지' 카드로 짐작해 본다. 할아버지는 연애카드에서 그다지 적극적이지 않은 카드 중의 하나이다. 결말에 '폭포 수련' 카드가 나옴으로써 이러한 성향은 더욱 가속화 된다. 때로 간신히 사귀게 되더라도 상대방의 잘못을 지적한다거나 매력을 어필하지 못하므로 곧 끝나버리는 연애이다.

! 이럴 때 필요한 부적 카드는 다음과 같다.

만신리딩 새로 시작한 사업이 언제쯤 순이익이 늘어날지 궁금하다. 위의 카드들이 나온 것을 살펴보면 과거의 시간에 '비미호' 카드가 나옴으로써 대단히 큰 목표의식을 가지고 일을 추진했던 것을 알 수 있고, 시시하지 않고 외관이 그럴싸한 규모의 사업이었던 것으로 추측된다. 하지만 현재는 '탑돌이'카드가 나왔으므로 기대만큼 이익이 빨리 회수되지 않음을 알 수 있다. 결말은 '동방지국천왕'카드가 나옴으로써 꾸준히 일하다 보면 나중에 좋은 결과를 얻게 된다고 한다.

! 이러한 더딘 시간의 흐름을 더 가속화시켜 줄 수 있는 부적 카드는 다음과 같다.

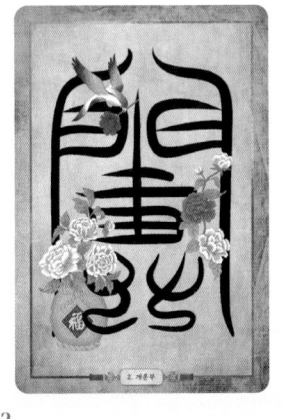

63. 제사

68. 업적

24. 남방증장천왕

관공서로부터 어떤 허가를 기다리고 있으며 그것이 이루어지면 돈을 벌 수 있는 기회가 있다. 어떻게 될 것인가 알아보려 하는데 다음의 카드들이 나왔다. 과거의 자리에 '제사' 카드가 나와있으니 공적으로 아주 공을 들이고 노력해왔음을 알 수 있다. 지금은 '업적' 카드가 나옴으로써 바야흐로 어떤 권리를 보장받는 운이 강하게 들어와 있다. 결말은 '남방증장천왕' 카드가 나와있으니 이 기세를 몰아가면 원하는 대로 재물운이 강화됨을 알 수 있다. 일취월장 재물이 늘어난다는 해석이니 매우 반가운 카드들이다.

!   이럴 때 더욱 강한 힘을 받기 위해선 다음과 같은 부적 카드가 연결될 수 있다.

4. 공덕부

6. 친목부

12. 금은자래부

최근 들어 경제 사정이 힘들어졌다. 이 때에 주변 사람이나 귀인의 도움으로 재물운이 좋아지는 기회가 없을지 궁금한 가운데 다음의 카드들이 나왔다. 과거의 시간에 '남산신' 카드가 나옴으로써 전혀 도움받지 못했던 상황이라고는 보기 어렵다. 어쩌면 본인이 지나치게 의존적인 성향이라는 것과도 상통한다. 현재 '무당' 카드가 나와 있으니 이상태를 맞이해서 절박한 심정은 비길 데가 없다. 하지만 또 벗어날 길은 있는 모양이다. 결말에서 '엽전7' 카드가 나왔다. 남에게 돈을 빌리건 가족으로부터 돈을 받건 간에 경제사정은 나아진다. 이러한 것이야말로 행운이 아닐 수 없다.

! 이럴 때 필요한 부적 카드는 다음과 같다.

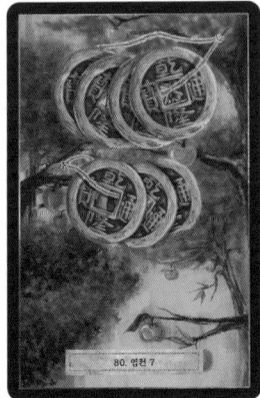

동업 제안을 받았지만 쉽사리 결정을 내리지 못하고 있다. 어떻게 해야 할지 궁금한 가운데 다음의 카드가 나왔다. 과거의 시간에서 '마고' 카드가 나옴으로써 혼자 독자적으로 개척하는 데에 익숙하고 홀로 경영하는데 중심이 서 있다고 보여진다. 그러나 지금은 '엽전2' 카드에서 누군가의 도움을 받는 상황이라는 것을 알 수 있다. 그것은 경제적으로 어려워져서기도 하고 아니면 더 좋은 아이디어를 누가 제공해서기도 하다. 결말은 '엽전6' 카드가 나왔다. 동업을 하더라도 손해는 보지 않으니 희망적이다.

! 이 때 동업운을 더 끌어올리는 데 도움이 되는 부적 카드는 다음과 같다.

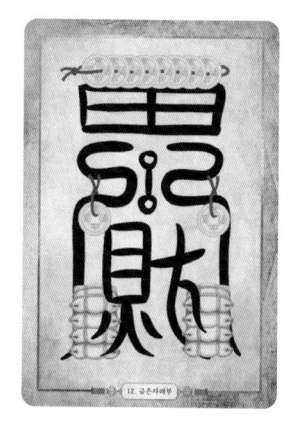

   삼재가 들어온 이후에 갑작스럽게 재물운이 줄어들고 돈을 써야 하는 일들이 생겨나 불안한 가운데 다음의 카드가 나왔다. 어떤 이유 때문인가를 살펴보자니 과거의 시간에 '벼락 장군' 카드가 나왔다. 이러한 금전적 손실이 예전에도 더러 있었고 전혀 예상하지 못했다고 보인다. 지금도 '관아' 카드가 나와서 누군가와 시비에 휘말려 억울한 일을 겪게 되거나 송사 시비가 붙을 가능성이 크다. 큰 피해를 입지 않도록 각별히 주의해야 한다. 결말 카드에는 '구미호' 카드가 나오니 길흉의 반복이 예사롭지 않다.

! 좀 더 주변을 경계하고 판단력을 맑게 해주는 데 도움을 주는 부적 카드는 아래와 같다.

 희귀한 수집품을 팔아서 돈으로 전환해야하는 시점이다. 물건을 사려는 상대방이 잘 나타나지 않아서 언제 거래가 될지 궁금하다. 이 때에 위의 카드들이 나왔는데 과거의 시간에 '당산 나무' 카드가 나오므로 그 수집품과 본인의 인연이 꽤 깊고 오래 되었음을 알 수 있다. 부모님이나 조상으로부터 물려받은 고가의 물건일 수도 있다. 지금은 '삼도천' 카드가 나왔기에 이제 이별을 해야하는 시간이 왔으니 다른 임자를 목 빠지게 기다리고 있다. 결말에서는 '선비' 카드로 미루어보아 가격을 어설프게 흥정하는 손님만 오는 것 같다.

! 이럴 때 적당한 가격에다가 거래 시기도 앞당겨볼 수 있는 부적 카드는 아래와 같다.

병원에 가서 검사를 해봐도 뚜렷한 병명이 나오지 않으며 여전히 체력은 회복되지 않는다. 이유를 알고자 할 때 다음의 카드가 나왔다. 과거의 시간에 '조왕신' 카드가 나왔으니 식생활의 습관으로 인한 질환이거나 오래도록 체질적으로 앓아온 지병으로 보인다. 현재 '할머니'카드로 보아 역시 쉽사리 개선되기 어려운 질환으로 보인다. 결말은 '엽전5' 카드이며 여전히 오랜 기간 고생을 하는 것으로 짐작해본다. 다행히 이러한 유형의 질환은 갑자기 심각하게 악화되지는 않는다. 모두 자리에 앉아있고 이동이 없는 카드이므로 꾸준한 운동이 필요한 시점이다.

! 이럴 때 도움이 되는 부적 카드는 아래와 같다.

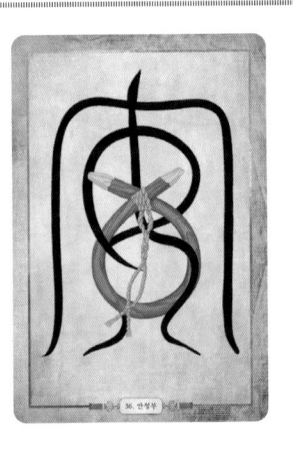

   가족들이 최근 악몽을 자주 꾸는데 매우 불안하다. 어떤 일이 생기려고 하는가에 대해 알고자 하였는데 위의 카드가 나왔다. 이는 매우 흉한 카드들이니 조심스런 생활을 해야 하는 징조이다. 과거의 시간에 나온 '도둑' 카드는 위험하고 불길한 기운이 집안에 침입한지 오래 되었음을 의미한다. 현재 '초상' 카드가 나왔으니 심각한 질환을 앓고 있는 가족이 생기거나 본인이 위기에 처했음을 알 수 있다. 결말에 '명부 판관' 카드가 나옴으로 해서 더욱 강조되는 느낌이다. 특히 건강운으로 본다면 빨리 대처를 해야할 것으로 보인다.

! 이러한 때에 지니고 있으면 도움이 되는 부적 카드는 다음과 같다.

 다음 달에 중요한 행사를 진행하므로 자신의 건강이 감당할 수 있을지에 대해 질문한 결과 위의 카드가 나왔다. 과거의 시간에 '엽전4' 카드, 현재에 '주막' 카드가 나왔으니 지나친 유흥과 음주 가무로 인해서 이미 어느 정도의 피로가 누적되었음을 알 수 있다. 그로 인해 생기는 질환들이며 자신의 거처를 떠난 왕래로 인해 언젠가 탈이 날 것을 암시하는 카드들이다. 이렇게 되면 나중에 증세가 나타났을 때는 이미 치료 시기를 놓쳤을 수도 있다.

! 이럴 때 일수록 자신의 에너지를 한층 더 끌어올려서 마지막까지 좋은 결과를 기대해 볼 수 있는 부적은 다음과 같다.

 기숙사에서 방을 같이 쓰는 룸메이트가 바뀌었다. 서로 생활 습관이 달라서 신경이 쓰이는 가운데 위의 카드가 나왔다. 과거의 시간에 '조왕신' 카드가 나와 있음으로 아마도 이전의 룸메이트와 오랫동안 같이 방을 사용했던가 본인이 한 군데에 오래 거처했음을 알 수 있다. 지금은 '총각 귀신' 카드가 나와있으니 잠자리에서부터 악몽에 시달리고 있으며 룸메이트를 따라온 좋지 않은 기운으로 보여진다. 결말에는 '난파선'카드가 나옴으로 해서 이러한 불길함은 건강을 잃게 만들지도 모른다.

! 이럴 때에는 방을 바꾸는게 최선이지만 그렇게 하지 못할 때에는 적극적으로 도움이 되는 부적 카드를 지니도록 한다.

 원래 앓고 있던 지병이 있었다. 해마다 그 병이 심해지지 않을까 매우 걱정스러운 가운데 위의 카드가 나왔다. 과거의 시간에 '정표' 카드가 나왔으니 가족력과 유전적 요인에 인한 질환이 오래 되었음을 알 수 있다. 지금도 '제사' 카드가 나옴으로써 기도를 들이거나 개인의 노력을 모두 동원하여 자신의 병을 다스려 가는 상황이다. 결말에 '훼손된 무덤' 카드가 나왔으니 여전히 건강이 좋지 않고 병세는 나빠질 전망이다. 석 장의 카드 모두가 가족구성원을 상징하니 이 질환은 쉽사리 나아질 기미가 안보인다.

! 이럴 때 일수록 자신의 건강을 돌보는 데 전념해야 하는데 도움을 줄 수 있는 부적 카드는 다음과 같다.

늘 진료를 받던 병원이 문을 닫는 바람에 새로운 병원과 의사를 찾아야 하는 상황이다. 자신이 병이 더 깊어지는 것은 아닌가 걱정이 되는데 위의 카드가 나왔다. 과거의 시간에 '사냥꾼들'카드가 나와 있으니 병으로 인해서 매우 시달리며 살아온 시간을 알 수 있다. 여기에 쫓기는 짐승은 환자의 입장으로 본다. 현재 '관아'카드로 자신의 주치의를 잃어버린 좌절감과 또 새 병원을 찾아 문제를 해결할 생각을 하니 갑갑하기 그지없다. 결말에 '연날리기'카드가 나옴으로써 당장은 힘들지 않겠으나 발아래 금이 가고 있는 빙판을 보니 위험 천만이다.

! 새로운 병원과 의사를 고르는 데에 매우 신중해야 함을 알 수 있다. 주변인들로부터 정보를 얻어 듣는 것도 중요하며 이 때에 도움이 되는 부적 카드는 다음과 같다.

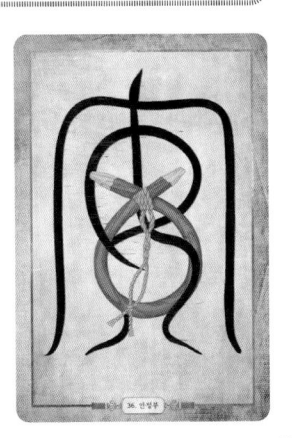

 외국 출장을 다녀올 일이 생겼다. 한 번만 다녀오고 말지 아니면 장기적으로 될지가 궁금한데 위의 카드들이 나왔다. 과거의 시간에 '이국의 신' 카드가 나옴으로 역시 외국과 인연이 깊은 직업이나 이동을 하고 있었음을 알 수 있다. 현재도 '길 떠나는 사람' 카드로 역마살이 매우 강하게 작용하고 있으며 결말에 '남방증장천왕' 카드가 나오니 이러한 이동은 더욱 더 확대될 전망이라고 해석하겠다. 즉 작은 이동이 아닌 큰 이동이 될 전망이다. 멀리는 외국까지 옮겨 살아가는 것도 예상해 볼 수 있다.

> **!** 이럴 때에 심신을 강건하게 하고 이동한 곳에서 행운이 따르는 부적 카드는 다음과 같다.

만 신
리 딩

오래 살아온 고향을 떠나려 한다. 하지만 그것이 제대로 된 판단인지 불안해 할 때에 위의 카드들이 나왔다. 과거의 시간에 '폭포 수련' 카드가 나와 있으니 비교적 오랜 시간 고향을 떠나지 않았던 고집쟁이 기질을 알 수 있다. 현재 '동자' 카드가 나온 것은 이동하는 것에 대한 확신이 없음을 강조해 준다. 결말은 다행스럽게도 '금의환향' 카드가 나옴으로써 이동한 후에 큰 성공을 거두어 매우 만족스럽다는 뜻으로 해석된다. 꼭 막혀 있던 시기를 벗어나게 되는 매우 좋은 이동운이다.

! 전과는 전혀 다른 생활이 시작됨을 축하하고 좋은 에너지로 진출할 수 있게 도움을 주는 부적 카드는 다음과 같다.

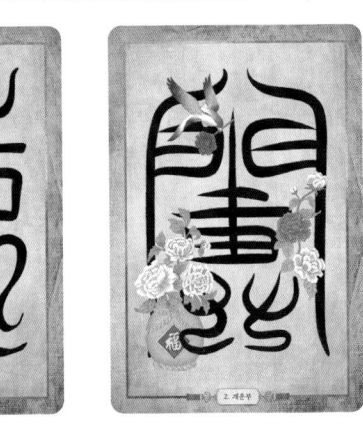

 조만간 회사를 옮겨서 새로운 곳에 적응해야 한다. 잘 해낼 수 있을지 자신이 없는 가운데 위의 카드가 나왔다. 과거의 시간에 '널뛰기'카드가 나왔으니 근무하던 직장에서 안정을 못하고 늘 다른 생각을 하면서 전직을 바라고 있었음을 알 수 있다. 현재 '백마장군'카드가 나왔으니 회사를 옮기는 것은 이미 정해진 것으로 보인다. 결말로 '엽전1'카드가 나오니 이는 생각보다 새로운 업무와 분위기에 적응함이 생각보다 쉽지 않음을 알려준다고 보겠다.

 이럴 때 일수록 더욱 마음을 강하게 먹고 자신의 에너지를 향상시킬 수 있도록 도움을 주는 부적 카드는 다음과 같다.

8. 금강역사   67. 꿩사냥   56. 난파선

만신 리딩

섬으로 가서 한 달 살기 체험을 하려고 한다. 친구들과 함께 다녀오려고 하는데 아무런 사고가 없을지 알아보고자 하여 위의 카드가 나왔다. 과거의 시간에 '금강 역사'카드가 나옴으로 해서 매우 활발하고 생각하면 바로 실행하는 젊은이들의 기개가 느껴진다. 현재는 '꿩 사냥'카드로 자신들이 결정한 일에 후퇴는 없고 장기간 여행을 하기에 조금 무리가 있어보이는데도 그대로 진행할 작정이다. 결말은 '난파선'카드로 이 여행은 결과적으로 매우 불길함을 암시한다. 장기간의 여행으로 건강을 망치거나 또 다른 일에 휘말릴 가능성이 매우 높아보인다.

! 그렇다고 하더라도 진행을 할 생각이라면 다음의 부적 카드를 제시한다.

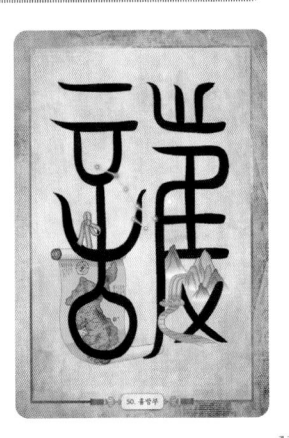

20. 백호양부   35. 안손부   50. 용왕부

117

| 61. 무구 | 25. 서방광목천왕 | 44. 파경 |

윗사람의 지시를 받고 출장을 가서 그곳에서 업무를 볼 일이 생겼다. 별다른 탈이 없는 지 궁금한 가운데 위의 카드가 나왔다. 과거의 시간에 '무구'카드가 나옴으로써 본인이 이 업무의 원래 담당자가 아니었던지, 아니면 남이 실패한 일을 복구하게 됨을 상징한 다. 현재 '서방광목천왕'카드가 나오니 이 또한 무엇인가 시시비비를 가려야 하는 것이 어서 만일 이 업무가 그러한 것과 관련되면 상관이 없지만 그렇지 않고 일반적인 업무 라고 하면 시비를 가릴 일이 생긴다. 결말에 '파경'카드가 나옴으로써 이 업무는 나중에 다시 한 번 더 검토할 숙제를 남기게 된다는 것을 알 수 있다.

! 꽤나 피곤한 출장을 암시한다. 이 때 다음의 부적 카드를 제시해본다.

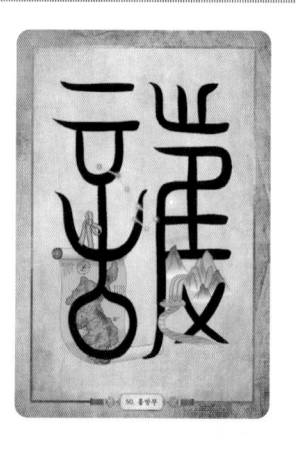

  곧 이사를 가기 위해서 새 집을 계약했다. 이사간 곳에서 좋은 일이 생길지 기대한 가운데 위의 카드가 나왔다. 과거의 시간에 '삼도천'카드가 나옴으로써 이미 살던 집과는 정리를 해야하는 시점에 온 것을 알 수 있다. 현재 '도깨비'카드가 나온 것을 보아서 새로운 집을 선택함에 있어서 조금은 즉흥적이고 합리적이지 못한 선택을 했지 않은가 하는 우려가 있다. 무리해서 대출을 더 낸다거나 동네를 선정하는 문제들이다. 결말에 '처녀 귀신'카드가 나온 것을 보아서 이사할 집의 영적인 기운이 좋지 않고 머물러 있는 지박령이 있음을 알 수 있다. 하지만 이 카드는 문제를 해결하면 훨씬 좋은 일이 생긴다는 점을 생각할 때에 전혀 불리한 카드라고 보지 않아도 좋다.

! 이럴 때에 지니고 있으면서 자신을 보호할 수 있는 부적 카드는 다음과 같다.

 위의 만신 카드에서 '칠성신'카드는 집안에 복과 수명을 관장하는 신들이 좌정하고 있음을 알 수 있으며 곧 칠성신의 강림이라고도 본다. 또한 '행복한 가족'카드는 소박하지만 즐겁게 살아갈 수 있는 원동력을 이 '칠성신'에서 얻고 있음도 알 수 있다. 또한 '정화수 기도'카드를 통해서 집안 대대로 가족 중에 기도하는 이가 있었다는 것을 알 수 있고 이는 다른 가족 구성원들을 보호하고 잘 되게 복을 불어넣어 준다는 의미도 있다. 그러므로 선신들의 은혜를 감사히 여기면서 이에 부응하는 마음을 잊지 않아야 한다.

! 이럴 때는 다음과 같은 부적 카드를 연결해 본다.

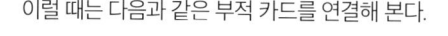

83. 엽전 10

57. 작두타기

29. 용

위의 만신 카드에서 '엽전10'카드는 흘러간 과거에 대해서는 집착을 버리고, 자신의 앞에 가로 놓인 현실을 직시해야 함을 알 수 있다. '작두 타기'카드에서는 늘 선택의 순간을 맞이 해야하는 고단함과 절박함이 느껴지고 있으니 이럴 때 더욱 선신의 가호를 바라는 마음이다. '용'카드에서 본인과 인연이 되는 신령님은 바다나 강에서 오는 기운으로 해석할 수도 있다. 물이 바위를 뚫듯이 꾸준한 정성과 인내는 모든 것을 해결하는 근원적인 힘이다.

! 신들의 가호 또한 이와 같아서 변덕스러운 사람의 마음과 달리 기도하는 이들에게는 언제나 답을 주신다. 다음의 부적 카드를 연결해 볼 수 있다.

15. 오백냥

25. 선신수호부

33. 신조부

 집안에 자녀가 태어나는 것은 경사이지만 건강한 부부인데도 자녀가 생기지 않을 때가 있다. 옛날에는 이를 가리켜 삼신의 도움이 없어서 그렇다고 보았다. 위의 만신 카드를 보면 '출산'카드가 있음으로 해서 희망적이다. 또 '동녀'카드가 나와 있으니 어린 아이가 태어나는 상징이 매우 강하다. '삼불 제석'카드 또한 삼신의 의미로 해석할 수 있으니 임신운이 아주 강하게 들어와 있음을 알 수 있다. 그럼에도 불구하고 좋은 소식이 들려오지 않을때는 혹시 강력한 방해의 기운이 존재하는건지 집안에 자손을 보지 못하게 하는 주문이 걸려있는지도 모른다.

! 이를 밝혀내거나 방어하기 위해선 아래의 부적 카드를 연결해 본다.

 상갓집을 다녀온 후 좋지 않은 일만 생기는 것 같아서 찜찜하다. 위의 만신 카드에서는 '처녀 귀신'카드로 인해서 떠도는 혼령이나 저주가 깃든 것을 예측할 수 있으니 당사자의 잘못이 아니더라도 따라붙은 영가가 있을 수 있는데 이는 '초상'카드에서 더 확인이 가능하다. 또한 '엽전9'카드에서는 잠시 동안 이 영가가 머물러 있다가 떠남을 알 수 있는데 그러한 힘은 때로 사람의 노력만으로는 속히 떼어내기 힘들기도 하다. 좀 더 적극적인 대처가 필요하다.

! 이 때에 도움이 되는 부적 카드는 다음과 같다.

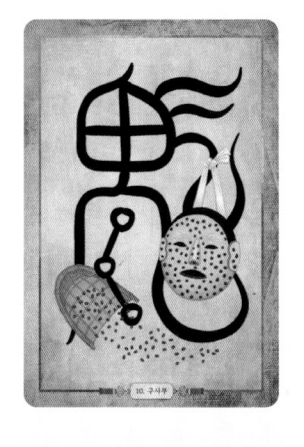

49. 저주인형

59. 훼손된 무덤

26. 북방다문천왕

위 만신 카드는 누군가 자신에게 주술을 건 것이 아닐까 의심될 때 나오는 카드이다. 징크스를 전혀 믿지 않는 사람도 있지만 이것을 잘 활용하면 자신의 생활을 이롭게 하는 부분도 반드시 존재한다. '저주인형'카드에서 타인이 해롭게 할 목적으로 비방이나 주술을 행한 경우를 미루어 짐작할 수 있는데 이것은 악한 저주의 생각을 상징하기도 한다. '훼손된 무덤'에서 역시 이를 알 수 있는데 조상대대로 내려오는 문제기도 하고 묘자리를 이장하거나 잘못 쓴 경우도 암시한다. '북방다문천왕'카드에서는 여러가지 항목을 종합적으로 잘 판단해야함을 알 수 있으니 단순하게 여기지 말고 심각한 사안으로 받아들여야 한다.

! 이럴 때 도움이 되는 부적 카드는 아래와 같다.

27. 소제부

32. 신장부

42. 저승신장부

1. 마고

20. 외국의 무녀들

61. 무구

이유 없이 몸이 아픈데 혹시 신병 또는 무병을 앓는 것이 아닌가 의심될 때 나올 법한 만신 카드이다. 지금의 시대에 이러한 기운을 타는 사람들은 만신이 되기도 하지만 다양한 영적 세계의 직업을 선택하기도 한다. 아티스트로 활동할 수도 있고 저술가로 활동하기도 한다. '마고'카드에서 평범함을 거부하기 때문에 일반인의 삶과는 거리가 있음을 확연히 알 수 있으며 '외국의 무녀들'카드에서 영적으로 고양되고 그에 속한 존재들과 소통하기 위해서 기도하는 생활이라든가 나름의 방법을 찾아야 함을 알 수 있다. '무구'카드에서도 마찬가지다.

! 이럴 때에는 자신의 길을 찾기 위한 여정을 떠나게 되며 한층 더 신들의 가호가 요청된다. 도움이 되는 부적 카드는 아래와 같다.

만신 2 카드 리딩으로 맞는 부적 찾기

만신 2 카드는 유니버설 웨이트 카드의 흐름을 반영하였다. 따라서 그 카드에 익숙한 분들에게 사용감이 편하며 즉각적인 리딩이 가능하다. 어느 카드가 더 좋은 리딩을 할 수 있는가 고민하실 필요는 없다. 어떤 카드이든지 사용자가 어떻게 활용하느냐에 따라 타로 카드는 진실을 알려줄 것이다. 만신 1과 2를 병행하여 함께 사용할 때에는 각각 3장, 총 6장을 선택해서 더 강조되는 부분이 없는가를 살펴보면 더 재미있는 리딩이 가능하다. 아니면 자신만의 리딩 방법을 정해놓고 그 순서에 따라도 된다. 또한 모든 타로 상담은 솔루션이 필수적이다. 상담만을 위한 상담보다는 담자에게 위로가 되는 부적 카드를 제시하여 구체적인 힐링 도구로 적용해보는 것도 좋겠다.

사용 방법

1 자신의 질문을 정하고 만신 2 카드를 뽑는다.(매수는 자신이 정해도 된다)

2 선택한 카드를 리딩하면서 긍정적인 면과 부정적인 면을 확인한다.

3 좋은 점은 더 강화해주고, 안좋은 점은 대처해 줄 수 있는 부적을 찾아본다.

4 만신카드 1과 2를 복합적으로 활용해도 좋다.

만신 2 카드로 운세를 알아보고
그에 맞는 부적은 무엇이 있는지 알아보자!

취직운 | 연애운 | 재물운 | 건강운 | 이동운

신들의 가호가 필요할 때 :
어떤 질문을 알고 싶은 목적이 아니더라도 자신을 지켜주시는 신들의 보호에 감사드리고
앞으로도 지켜주시길 바라는 마음에서 만신 카드를 리딩하고 그에 맞는 부적을 연결해 보아도 좋다

 매번 면접에서 떨어지는 상황이 계속 되고 있어서 불안한 가운데 이번에 마지막 면접을 앞두고 있어 궁금해 하는 내담자의 카드들이다. 과거의 시간에서 '힘-산신들의 바둑내기'카드가 나왔으니 오래도록 취직하기 위해 고군분투 했음을 알 수 있고 현재는 투철한 의지를 상징하는 '지팡이의 여왕-자청비' 카드가 나왔다. 결말에는 면접을 충분히 잘 볼 수는 있으나 뜻하지 않은 언행의 실수를 상징하는 '바보-초립동' 카드가 나오는데 이는 자신도 평소 깨닫지 못하는 습관이라고 보겠다. 그래서 다 해놓은 밥에 코를 빠뜨리는 결과가 될 가능성이 보인다.

! 이럴 때는 자신의 취직운을 강화하고 조상의 공덕으로 도움을 요청해야 한다. 이럴 때 도움이 되는 부적 카드는 아래와 같다.

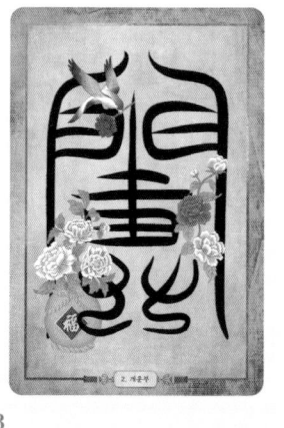

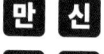

계속 일하던 분야를 떠나 완전히 새로운 도전을 앞두고 있다. 그러나 불안한 마음에 어떻게 될지 궁금해 하는 내담자의 카드들이다. '펜타클 6-웅녀'카드에서 과거 시간에도 만만치 않은 여정을 겪어왔음을 알 수 있고 '탑-성수대신"카드에서는 현재의 상황 또한 만만치 않다는 것을 알 수 있다. 결말은 '지팡이의 시종-정수남'카드인데 새로운 시작을 하기에는 처음부터 모든 것을 새로 시작해야 하는 고단함이 느껴진다. 새로운 도전을 한 결과가 금세 나오지 않는 셈이다. 물론 시작하지 않는 것보다는 훨씬 나을 것이다.

! 이 때에 조금 더 발전의 시기를 앞당기는 마음으로 염원하며 다음과 같은 부적 카드를 제안한다.

만 신 리 딩

다니고 있던 회사에서 해고당할까 염려하고 있다. 최근 주변인들이 퇴사하고 있어서 몹시 불안한 가운데 카드를 뽑았다. 과거의 시간에 '검 2-최영 장군'카드가 있어서 이러한 스트레스가 오랜 기간 지속되어 왔음을 알 수 있다. 현재는 '펜타클 5-웅녀'카드로 역시 떠날 수 밖에 없는 상황임을 강조한다. 결말에는 '컵 2-바리공주'카드로 그나마 조금의 희망이 엿보이니 퇴사 이후의 상황이 걱정한것 보다는 심각하지 않다고 예상해본다. 또한 퇴사 하더라도 다른 곳에서 더 좋은 제안을 받는다고도 보여진다.

! 그러므로 두려워하는 마음을 잠재우고 자신의 에너지를 키워서 타인들에게 자신을 알릴 수 있는 부적 카드를 제안해본다.

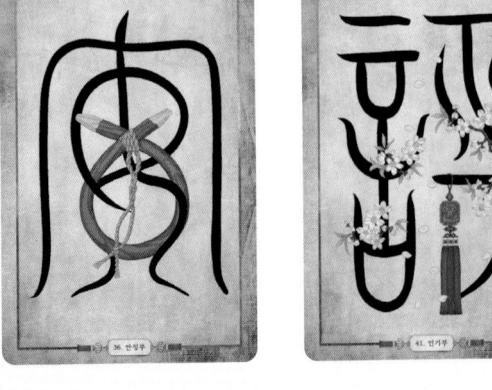

 현재 본업이 있으나 투 잡이나 쓰리 잡을 생각하고 있다. 그렇게 하더라도 무리가 없을 지, 본업에 영향은 없을지를 알아보고자 했을 때 다음의 카드들이 나온다면 여러가지 를 고려해야 한다. 일하는 것에 너무 많은 욕심을 내다보면 본전도 못찾고 건강을 해칠 수도 있다. 과거의 시간에 '펜타클 2-옹녀' 카드가 나온것을 볼 때에 금전에 대해서 많은 고민이 있었음을 알 수 있고 현재는 '매달린 남자-삼신할머니' 카드가 나옴으로써 중심 을 잡아주는 직업이 그나마 있음은 알 수 있다. 그러나 결말에서 '검 4-최영 장군'카드가 나옴으로써 심각한 상황이 전개된다.

! 그럼에도 불구하고 금전 때문에라도 일을 더 해야 한다면 다음의 부적 카드를 제 안한다.

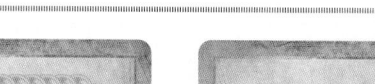

만신
리딩

취직은 되었으나 다른 곳에서 더 좋은 조건으로 연락이 와서 갈등이 생긴다. 지금의 직장도 나쁘지 않으나 새로운 곳으로 옮기는 것이 어떠한가 궁금해 할 때 다음의 카드들이 나왔다. 과거의 시간에 '지팡이 2-자청비'가 나왔으니 지난번에도 그러한 기회가 있었던 것으로 보여진다. 현재는 '절제-대신할머니' 카드가 나와있음으로 해서 신중한 판단을 해야함을 알 수 있다. 결말 카드로는 '컵 8-바리공주'이며 희망을 안고 온 가족이 이사를 하는 모습에서 결국 이직을 하는 것으로 보여진다. 자신의 삶에서 어느 부분을 중요하게 여기고 있는가에 따라서 행복도 불행도 결정된다.

! 긍정적인 카드와 더불어 이 때에 도움이 되는 부적 카드는 아래와 같다.

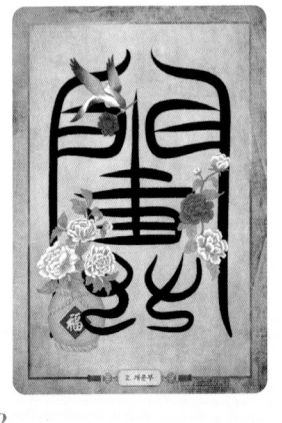

 취직을 위해 꼭 따야 하는 자격증 시험의 필기 시험을 보고 결과를 기다리며 운을 보았
을 때 다음의 카드들이 나왔다. 과거의 시간 카드에 '황제-옥황상제'카드가 나옴으로써
시험운이 좋았고 괜찮은 결과를 냈음을 알 수 있다. 현재는 '컵의 기사-청년 시절의 동
수자'카드로 합격 소식이 오기를 매우 고대하는 모습이 보인다. 그러나 결말 카드에서
는 '검 3-최영 장군'카드로 소식이 올 기미가 안보인다. 상대평가로 경쟁자들이 더 좋은
점수를 받았을 가능성이 크다. 즉, 희망하는 시기 내로는 합격 통지가 오지 않는 것이다.
그러나 이것을 불합격으로 볼 수는 없다.

! 좀 더 긍정적이며 빠른 소식을 받을 수 있는 부적 카드는 다음과 같다.

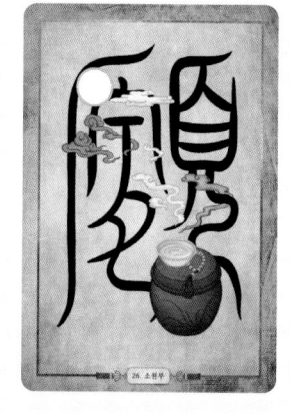

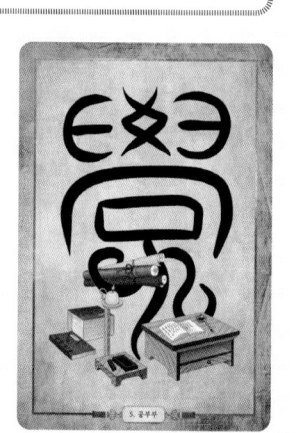

 한 사람과 연애 중이지만 헤어지고 다시 만나는 것을 반복하고 있을 때 해결 방법으로는 무엇이 있을까 궁금하다. 과거의 시간에 '지팡이 6-자청비'카드가 나옴으로써 큰 싸움 뒤에 헤어졌던 것을 짐작해 볼 수 있다. 현재에도 '컵 4-바리공주'카드가 나옴으로써 마음이 약해지는 소식을 접하거나 우울하거나 해서 재회를 생각한다고 볼 수 있다. 하지만 결말이 '죽음-저승의 여대왕'카드 이므로 다시 본다고 해도 더 나아질 기미는 생기지 않는다. 사람의 인연이 만날 때가 있으면 헤어질 때가 있고 그것을 잘 알아야 그 다음의 인생을 살아갈 수 있다.

! 자신의 힘으로 인연 정리가 안될 때 그것을 도와주는 부적 카드는 아래와 같다.

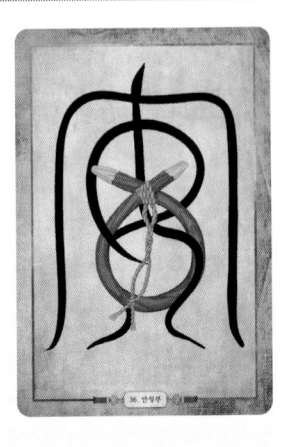

 만 신 리 딩

오랫동안 짝사랑한 친구에게 고백하고 싶다. 너무 오래 시간을 끌었던 것이 아닌가 염려 되는데 다음의 카드들이 나온다. 우선 라이벌이 있는 것은 아닌가 걱정할 필요는 없는 것 같아 다행이다. 과거의 시간에는 '펜타클 4-웅녀'카드로서 이전에 실패한 연애경험으로 인해 약간의 트라우마나 거절당할까 두려워했음을 알 수 있다. 하지만 지금 두 사람의 사이는 매우 좋으며 본격적인 연애를 시작해도 무방하다는 '태양-산마 도령과 애기씨'카드가 나왔다. 또한 결말에는 사랑에 있어서 매우 긍정적인 '에이스 컵-거북이'이 나왔으므로 좀 더 용기를 내어서 고백해도 될 것으로 보인다.

! 이럴 때 애정을 더욱 강화시켜 주는 부적 카드는 다음과 같다.

오래 연애를 한 상대와 권태기가 와서 힘든 상황이다. 그런데 새로운 이성으로부터 프로포즈를 받았다. 어떻게 해야할지 갈등이 생겼을 때 다음의 카드들이 나온다면 어떻게 할 지 리딩해본다. 과거의 시간에 '절제-대신할머니'카드가 나옴으로써 자신의 애정관에 대해서는 어느 정도 주관이 있다고 보여지지만 연애운에서 이 카드는 열정과는 반대되는 의미로 보기도 한다. 지금 상태는 '컵의 여왕-바리 공주'카드로 지금의 연애에 매우 우울해하고 있으며 새로운 방향의 연애를 희망한다고 볼 수 있다. 하지만 결말에 '지팡이 9-자청비'카드가 나옴으로써 망신을 당할 것 같은 불길함이 감지된다.

! 이 때에 도움을 줄 수 있는 부적 카드는 아래와 같다.

이성을 소개받게 되어서 내일 미팅에 나가려고 하는데 미리 결과가 어떻게 될지 알아
보고자 하며 카드를 뽑아보았다. 과거의 시간에 '검 5-최영 장군'카드로 연애가 순탄치
않았거나 타이밍이 어긋나는 등의 난관이 보였다. 현재에도 '컵 5-바리공주'카드로 서
로 잘 소통이 되지 않는 이를 소개받게 됨을 알 수 있다. 어느 한 쪽은 마음에 들어하지
만 나머지 한 쪽은 전혀 그런 생각이 아니다. 결말 또한 '은둔자-글문도사' 카드가 나옴
으로써 이번의 소개에서도 마음에 드는 이를 만나지 못함을 알 수 있다.

! 연애운이 약화되어있을 때는 제아무리 미남 미녀라고 하더라도 홀로 있게 되는데
이럴 때에 도움이 되는 부적 카드는 다음과 같다.

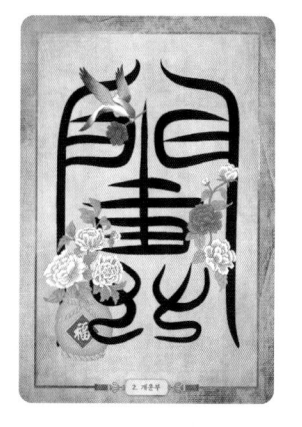

연인과 다투고 나서 화해가 가능할지에 대해 카드를 뽑아 보았다. 과거의 시간에 '지팡이 3-자청비' 카드가 나옴으로써 두 사람 사이에는 오래된 오해가 있거나 서로의 마음이 잘 전달 되지 않는 묘한 기류가 보인다. 현재의 상황은 '펜타클의 기사-최초의 단군' 카드로 남성이 먼저 화해의 손길을 내밀고 적극적으로 행동하며 선물을 준비하는 등의 자세가 필요해보인다. 그렇다면 결말의 '연인-부군님과 부인'카드를 보았을 때 화해가 가능하고 이전보다 더 돈독한 사이로 발전할 수 있다. 이번의 헤어짐을 통해서 더 나은 단계로 성숙해 가는 것이다.

! 이 흐름을 더 강화시켜줄 수 있는 부적 카드는 다음과 같다.

  지금 연애 중인 사람과 오래 사귀어 왔음에도 결혼하자는 프로포즈를 받지 못했다. 상대방이 자신처럼 결혼까지 생각하고 있는지를 알고 싶을 때 위의 카드들이 나왔다. 과거의 시간에는 '지팡이 4-자청비' 카드가 나옴으로써 연애를 시작하는 것도 자연스럽고 순조롭게 출발한게 아니라 나름의 어려움을 헤쳐왔음을 짐작해볼 수 있다. 현재는 '컵 7-바리공주'카드로서 두 사람 중의 한 쪽은 마냥 꿈을 꾸거나 현실성 없는 계획에 마음이 들떠 있음을 알 수 있다. 그러나 만신에서는 이 카드를 결국 자신이 원하는 목표를 달성한다는 의미로 보기도 한다. 결말에는 '달-창부대신'카드가 나옴으로써 여전히 결혼은 현실화되기 어렵다.

> **!** 이럴 때 결혼을 강력하게 염원하는 마음을 강화할 수 있는 다음의 부적 카드를 제시한다.

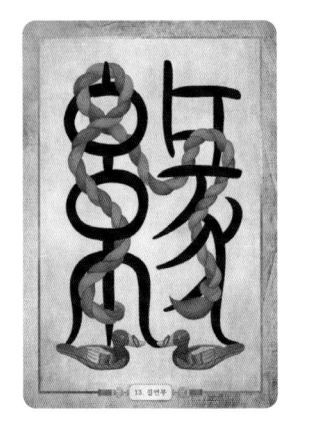
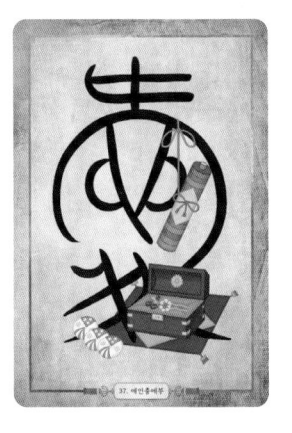

물려받을 유산이 있는데 언제쯤 부모님으로부터 물려받을 수 있을지 궁금해 하는 가운데 아래와 같은 카드들이 나왔다. 역시 과거의 시간에서는 '펜타클의 왕-환웅의 부재'카드가 나왔기에 과연 물려받을 막대한 유산이 존재함을 알 수 있다. 게다가 인물이 그려져 있지 않은 이 만신카드는 이중적 의미로 주인이 없음을 상징하기도 한다. 현재는 '심판-감은장아기'카드로 상속을 위해서 약간의 분쟁과 판단을 요하는 카드가 나와있는데 만신 카드에서는 형제 간의 분쟁에 대한 부분도 짐작된다. 게다가 이 문제가 지속된다는 것을 결말인 '지팡이 5-자청비'카드로 잘 알 수 있다.

! 장기간의 소송은 양 쪽을 피폐하게 한다. 이러한 것을 막아주는 부적 카드는 다음과 같다.

 최근 자잘하게 계속 돈이 나갈 일이 많고 아무리 노력해도 돈이 모이지 않아 그 원인을
 알고 싶을 때 위의 카드들이 나왔다. 과거의 시간에 '별-사해용왕부인'카드가 나와 있어
서 노력을 안한 것은 아니지만 만신 카드로 유추해보면 저 흐르는 물처럼 어딘가로 다
빠져나갔음을 알 수도 있다. 현재는 '펜타클의 시종-단군의 어린 시절'카드로서 돈을 얼
마간이라도 벌고 있던가 남으로부터 지원을 받고 있음을 짐작하게 하지만 그리 큰 돈
은 아니다. 결과로는 '컵 7-바리공주'카드가 나옴으로써 작은 돈이 생기더라도 도박이
나 다른 투기적인 일에 흥미를 갖던지 사치품에 다 써버릴 수도 있음을 볼 수 있다.

! 이럴 때는 자신의 안 좋은 지출 습관을 고치고 돈이 모이도록 하는 부적 카드를 제
안해본다.

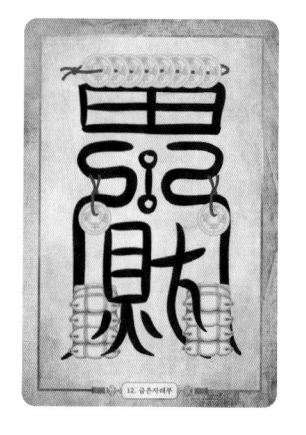

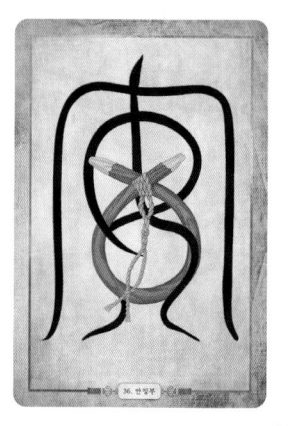

최근 투자를 한 곳이 있는데 언제쯤 이익이 나올지 궁금하다고 여기며 카드를 뽑았다. 과거의 시간에 '정의-지하장군'카드가 나옴으로써 정당하고 합법적인 곳에 투자를 한 것인지가 의문이다. 물론 그럴 수도 있지만 편법으로 했다거나 자신의 명의가 아니어서 대외적으로 권리를 주장할 수 없는 것은 아닐까 하는 가능성으로도 본다. 현재 '검의 시종-어린 시절의 최영 장군'카드가 나옴으로써 당사자는 이에 대해서 어떤 개입이나 행동을 할 수는 없는 상황임을 알 수 있다. 결말에는 '펜타클 2-웅녀'카드가 나옴으로써 이 투자에 대해서 다수의 여러 명이 개입되며 딱히 큰 실속이 보장되지 않거나 답답한 상태이다.

! 이럴 때에 도움이 되는 부적 카드는 다음과 같다.

만 신 리 딩

오랫동안 사업을 해왔던 차에 새로운 사업을 하나 더 시작하려고 한다. 금전적으로 낭비만 하는 것은 아닐까 염려되어 카드를 뽑아보았다. 과거의 시간에는 '펜타클 7-웅녀' 카드로 열심히 일하고 지금의 자리까지 이루어 온 노고와 흘린 땀을 알 수 있다. 현재 '에이스 지팡이-해태'카드가 나옴으로해서 보란 듯이 제대로 된 회사로 일구어 내었음을 확인할 수 있으나 결말에 '힘-산신들의 바둑내기'카드가 나오면서 현재의 사업으로만 꾸준히 끌고 가는 것을 추천하게 된다. 따라서 새로운 사업을 하나 더 벌이는 것은 그다지 좋지 않다고 판단할 수도 있다. 새로운 사업은 시작하더라도 이익을 내는데 오랜 시간이 소모된다.

! 이에 도움이 되는 부적 카드는 아래와 같다.

The Tower   Wheel of Fortune   Queen of Swords

   친구에게 빌려준 돈을 받지 못하고 있으며 언제 받을 수 있을지 궁금하다. 이 질문에 위의 카드들이 나온 것을 보자면 과거의 시간에 '탑-성수대신'카드가 나오며 힘들어진 사람을 도와준다는 만신 카드의 의미로는 돈을 빌려준 상태를 알 수가 있다. 현재 '행운의 수레바퀴-직녀'카드에서 끝없는 기다림을 볼 수 있는데, 물레가 멈추지 않고 돌아가므로 돈을 돌려받지 못하는 상황이 오래 되었음을 짐작해본다. 결말에는 '검의 여왕-은씨 부인'카드가 나옴으로 어떻게 해서든 결단을 내리고 행동에 돌입해야 함을 알려준다. 즉 스스로 알아서 돈을 돌려주는게 아니라 이쪽에서 보다 더 강력하게 돈을 받기 원함을 적극적으로 어필해야 한다.

! 이 때 도움이 되는 부적 카드는 아래와 같다.

가지고 있는 땅에 고속도로가 건설될 것이라는 소문이 돌고 있다. 좋은 가격에 팔 수 있을지 궁금해서 카드를 뽑아보았다. 과거의 시간에 '펜타클 10-웅녀'카드가 나옴으로써 그 땅이 본래 집안에 내려오는 재산이었음을 알 수 있고, 가족 공동 소유의 가능성도 보인다. 지금은 '여제-가야산 성모'카드가 나옴으로써 고속도로 건설이 기정사실화 되었으며 주도권이 완전히 자신에게 있으므로 생각하는 것보다 더 높은 가격으로 땅을 팔 수 있을 것으로 보인다. 결말에 '지팡이 2-자청비' 카드가 나왔으니 매입을 희망하는 사람이 둘 이상 나타나 오히려 고민이 될 수 있겠다.

_!_ 이럴 때에 도움이 되는 부적 카드는 아래와 같다.

경미한 부상으로 인해 인생 첫 수술을 받게 되어서 무척 걱정이다. 삼재가 들어온 해라 긴장도 되고 의사를 신뢰하지 못하는 마음 때문에 신경이 곤두선 가운데 수술의 결과가 어찌 될지 궁금해 뽑아보니 위의 카드가 나왔다. 과거의 자리에 '검 2-최영 장군'카드가 나왔으니 고민이 이만저만이 아니다. 현재는 '컵의 왕-동수자'카드가 나옴으로써 그래도 마음을 다잡고 수술을 받으러 갈 작정이다. 결말은 '마법사-감흥 신령'카드가 나왔으니 담당 의사의 수술 실력은 기대 이상이며 나름 명의를 만나서 수술의 결과는 좋을 것으로 기대된다. 또 알지 못했던 질환도 그 의사가 발견해 주어서 일석이조가 될 수도 있다.

! 이 때에 도움이 되는 부적 카드는 아래와 같다.

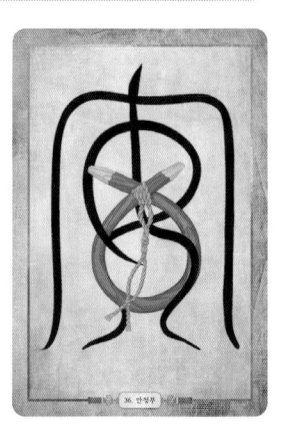

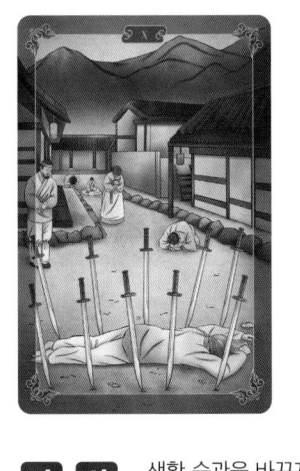  

생활 습관을 바꾸지 않았음에도 최근 체력이 급격히 떨어지고 아픈 곳이 많아졌다. 원인을 알고자 할 때 다음의 카드가 나왔다. 과거의 시간에 '검 10-최영 장군'카드가 나온 것으로 보아서 본인은 감지를 하지 못했지만 무리한 업무나 운동을 해왔던 것을 알 수 있다. 그것은 영적인 작용도 포함된다. 또한 지금은 '교황-별상대감'카드가 나왔으니 이제 병세가 모습을 드러내고 본인을 굴복시킬 태세를 짐작해 볼 수 있고 결말에 '악마-아귀'카드가 나왔으니 매우 불길함을 알 수 있다. 자신의 몸이지만 제대로 쉬어야 할 때 그러지 못했거나 식습관에 대단한 잘못이 있을 수도 있다.

! 이럴 때 일수록 자신의 에너지를 한층 더 끌어올려서 마지막까지 좋은 결과를 기대해 볼 수 있는 부적은 다음과 같다.

The Hermit

만신 **리딩**

가족 중에 연로한 부모님이 계셔서 올해에 혹시 건강이 더 나빠지지 않을까 염려되는 가운데 위의 카드가 나왔다. '컵 9-바리공주'은 매우 심각하진 않아도 오랜 지병을 가지고 있는 노인을 상징하니 아무래도 부모님을 떠올릴 수 있을 것이다. 현재 '은둔자-글문도사'카드가 나옴으로써 급격한 악화는 아니니 한시름 놓을 수는 있다. 그러나 곧이어 '검 3-최영 장군'카드가 나옴으로 해서 가족들이 마음의 준비는 해 두는 것이 좋을지도 모른다. 영원히 살 수 있는 사람은 없으니 평화로운 마지막을 가족과 함께 준비하는 것이 꼭 나쁜 운세라고만 볼 수는 없다.

! 이럴 때에 도움이 되는 부적 카드는 다음과 같다.

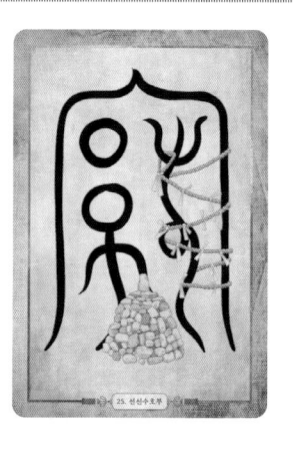

 새로운 스포츠를 취미로 시작하게 되었지만 그로 인해서 건강이 나빠지거나 일에 영향
 을 주는 것은 아닌가 걱정이 될 때 위의 카드가 나왔다. 과거의 시간에 '별-사해용왕부
인'카드가 나옴으로써 운동을 하고자 하는 의지는 언제나 있었지만 행동으로 옮길 여유
가 부족했음을 알 수 있고, 현재 '컵의 시종-바리공주와 동수자의 아들'카드가 나옴으로
써 즐거운 마음으로 취미생활을 하는데 여념이 없다고 볼 수 있다. 그리고 결말은 '펜타
클 9-웅녀'이 나옴으로써 그다지 나쁘지 않으니 계속해도 좋다고 판단해도 된다. 오히
려 일을 함에 있어서도 체력이나 정신력이 향상되는 긍정적인 효과로도 보인다.

! 이럴 때에 도움이 되는 부적은 다음과 같다.

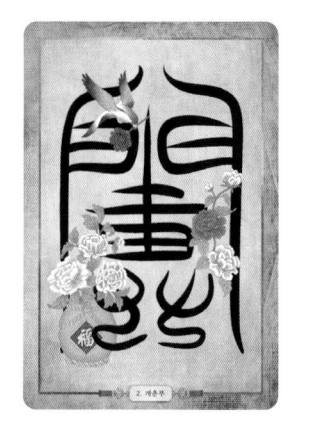

 **만신 리딩** 살고 있는 곳을 떠나 먼 곳으로 이사를 가게 되었다. 건강이 나빠지지 않을지 염려하는 가운데 위의 카드가 나왔다. 과거의 시간에 '여교황-별상부인'카드로 해서 체질적인 질환을 앓고 있거나 잘 낫지 않는 병을 가지고 있음을 짐작해 볼 수 있다. 지금은 이동운이 강하게 들어와 있는 '펜타클 5-옹녀' 카드로 어쩔 수 없이 이사를 간다고도 보여진다. 결말은 걱정한대로 심각한 병을 얻는 '검 4-최영 장군'카드가 나왔다. 이것은 매우 흉한 카드로서 일을 그만두고 자신의 병을 돌봐야 할지도 모를만큼 심각한 상태를 암시한다. 좀 더 자신을 돌봐야 할 때이다.

! 이 때에 도움이 되는 부적은 다음과 같다.

회사 내에서 다른 업무를 하게 되어서 긴장이 된다. 건강에 무리가 없을지 궁금한 가운데 위의 카드가 나왔다. 과거의 시간에 '지팡이 10-자청비'카드가 나옴으로써 이전에도 제법 많은 일을 해왔음을 알 수 있다. 지금은 '펜타클 3-웅녀'카드로 여러 사람이 함께 팀을 이루어서 일을 해야할 수도 있는데 자신에게 발언권이 없어서 난처해질 수도 있다. 예를 들면 상사가 야근을 하자고 하면 그렇게 따라야 하는 것이다. 결말에는 '검 8-최영 장군'카드가 나옴으로써 결국 업무 과다로 인해 심신이 매우 지치는 것을 알 수 있다.

! 이럴 때는 일을 줄여야 하지만 당장 회사를 그만 둘 수도 없는 관계로 헤쳐나갈 수 있는 힘을 주는 부적 카드로는 다음을 권해본다.

이사를 가기위해 새 집을 계약부터 했지만 이후로 기분이 개운하지 않다. 혹시 잘못된 방향으로 이사를 가는 것은 아닌지 걱정하고 있는 가운데 위의 카드가 나왔다. 과거의 시간에 '지팡이의 기사-청년 시절의 문도령'카드가 나옴으로써 그래도 스스로 알아서 잘 결정하고 헤쳐나왔음을 알 수 있고 현재는 '검 6-최영 장군'카드가 나오면서 이사가 는 것이 힘에 부치는 현실이며 상황 판단을 하기에는 급하게 집을 정하지 않았나 하는 조짐이 보인다. 결말에는 '악마-아귀'카드가 나옴으로써 역시 이사간 곳에서 마음 편하 게 머무르기는 어렵다고 판단한다.

! 장소를 정화하고 삿된 기운을 제거해주는 부적 카드를 다음과 같이 권해본다.

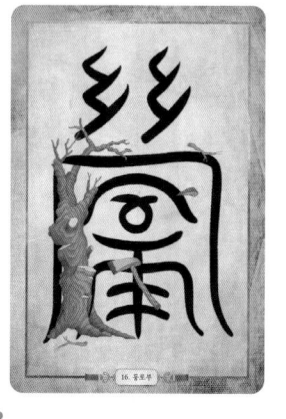

 친구들과 해외 여행이 오래전부터 계획되어 있으나 비행기를 타는 것에 익숙치 않아 불안한 마음이다. 별 탈이 없이 다녀올 수 있을까 궁금한데 위의 카드가 나왔다. 과거의 시간에 '컵 3-바리공주' 카드가 나와있으니 여행을 가려는 마음도 있지만 변덕이 일어나서 그다지 가기 싫다는 생각도 함께 하고 있다. 현재 '세계-마고신'카드가 나옴으로써 친구들의 의견을 따라서 함께 어울려 가겠다고 생각중이다. 결말에 '에이스 검-봉황'카드가 나와 있으니 자신이 이들 무리의 리더 역할을 도맡아서 할 것 같다.

> **!** 별 탈은 없는 것으로 보이나 걱정이 된다면 아래의 부적 카드를 권해본다.

 파견 근무를 가게 되었다. 그 곳에서 새로 만나는 사람들이 어떤 부류일지 궁금하고 자신이 잘 적응할지도 알고 싶을때 위의 카드가 나왔다. 과거의 시간에 '검 9-최영 장군'카드가 나왔으니 파견에 대해서 그다지 원치 않았음을 알 수 있고 어쩔 수 없이 이동하였다는 것을 짐작해 본다. 게다가 현재는 '전차-도깨비'카드가 나와 있으니 이동에 대해서 차근차근 준비하지 못했고 업무의 방향을 어떻게 잡아야 할지 전혀 감이 잡히지 않는 상황이다. 결말 카드에 '검 8-최영 장군'카드가 나왔으니 도와줄 사람은 없고 자칫하면 타인으로부터 가혹한 비평을 받을지도 모르겠다.

! 이럴 때 의지가 되는 부적 카드는 아래와 같다.

만신 **리딩**

친구의 부탁으로 장거리 운전을 해서 짐을 옮겨주게 되었다. 별 탈 없이 다녀올 수 있을지 궁금한 가운데 위의 카드가 나왔다. 과거의 시간에 '펜타클 4-웅녀'카드가 나와 있으니 이런 부탁을 들어주는 것이 처음은 아닌듯 하다. 꽤 귀찮게 하는 친구임에 틀림없다. 현재는 '지팡이 7-자청비' 카드로 매우 분주하지만 그래도 나름의 운전 실력을 발휘하여 일을 마무리 해주는 것으로 보인다. 그러나 결말에 '검 7-최영 장군'카드가 나왔으므로 조금 주의를 요한다. 돌아오는 길에 뭔가 작은 접촉사고가 일어날 수도 있어보인다.

! 이럴 때에 도움이 되는 부적 카드는 다음과 같다.

조상님의 묘자리를 이장하려고 계획중이다. 생각해 둔 장소와 맞는지 궁금한 가운데 위의 카드가 나왔다. 과거의 시간에 '검의 기사-젊은 시절의 장군'카드가 나왔으니 이장은 오래 전부터 계획된 일인듯 하다. 다만 묘자리의 선정에 대해서 신중하지 못할 우려는 있다. 현재 '죽음-저승의 여대왕'카드가 나와있으니 매우 신중하게 판단하지 않으면 오히려 일을 그르칠 수 있다는 것을 알 수 있다. 즉 이장하려는 곳이 잘 맞지 않으니 다른 곳을 더 알아봐야 한다는 것이다. 저승의 대왕이 죽은 자의 죄를 판단하듯이 다시 판단하라는 것이다. 결말에 '펜타클 8-옹녀'카드가 나왔으니 이장지를 잘 선택한다면 후손들에게 좋은 일이 생기겠다.

! 도움을 주는 부적 카드는 다음과 같다.

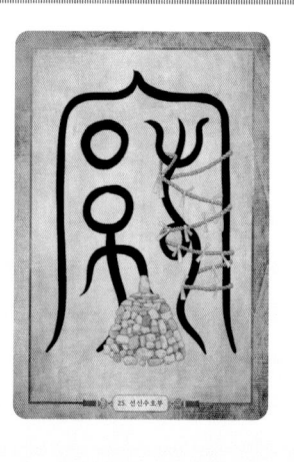

   먼 친척이 쓰던 중고차를 물려주어서 타고 다닐 생각이다. 별다른 일이 없을지 궁금한 가운데 위의 카드가 나왔다. '에이스 펜타클-기린'카드가 나옴으로써 예전에는 비싼 값을 주고 구입했던 고가의 차량임을 알 수 있고 그 차를 타고 다니면서 좋은 일이 있었을 것으로 보인다. 현재 '컵 4-바리공주' 카드가 나와 있으니 주인이 바뀐다는 의미는 있고 아쉬움도 느껴진다. 새 차가 아니기 때문에 조금 심드렁함도 보인다. 결말에 '달-창부대신'카드가 나와있으니 밤 늦게까지 차를 활용할 일이 꽤나 많아질 것으로 보인다.

! 그렇기에 불안한 마음도 적지 않으니 이럴 때에 도움이 되는 부적 카드는 다음과 같다.

만신리딩

최근 마음이 붕 뜨고 갈피를 잡지 못하며 집중력이 극히 저하되고 있다. 원인을 알고자 하는 가운데 위의 카드가 나왔다. '지팡이8-자청비'카드가 나옴으로 해서 다시 만난 사람이 있거나 예전의 일이 반복되거나 하는 등의 문제에서 스트레스를 받는 상황이다. '지팡이의 시종-정수남'카드를 보아하니 나름대로 해결하려고 노력하고는 있으나 '바보-초립동'카드가 나옴으로 인해 오히려 더 수렁으로 빠지는 느낌이다. 아마도 스스로의 힘으로는 해결을 할 수가 없는 상황을 깨달아야 할 것 같다.

! 이럴 때에 도움을 받을 수 있는 부적 카드는 아래와 같다.

 어릴 때부터 영적인 존재들을 느끼고 영향을 많이 받고 있는 편이다. 현실의 생활에서 지혜롭게 헤쳐나가려면 어떻게 해야할지 궁금한데 위의 카드가 나왔다. '펜타클의 여왕-웅녀'카드로 미루어 보아 고대의 제사장과도 같은 역할을 떠올려 볼 수 있다. '세계-마고신'카드로 보아서 모든 것이 조화롭게 되기 위해서는 자신의 운명을 잘 알고 역시 그에 맞는 일을 해야 한다는 것을 알 수 있다. '컵 6-바리공주' 카드에서는 역시 신의 말씀을 전해 듣는 신탁의 장면이 나오니 아무래도 이 카드들의 의미는 일반적인 직업과는 잘 맞지 않고 종교인이나 철학가, 상담직이나 무업에 종사함을 알 수 있다.

! 이럴 때에 도움을 주는 부적 카드는 다음과 같다.

 만신리딩

지인 중에 최근 세상을 떠난 이가 있다. 그 후로 모두가 그를 그리워하고 있는 가운데 망자의 영혼이 편히 쉬고 있는지를 알아보려 하는데 위의 카드가 나왔다. '컵 10-바리 공주'카드로 저승의 여신이 등장했으니 망자의 죽음이 그렇게 힘들지만은 않았을 것으로 보이고 '지팡이 6-자청비'카드로 볼 때에 갑자기 돌아가셨거나 해서 미처 주변인들이 준비를 하지 못했던 것으로 보인다. '정의-지하장군'카드로 망자가 사후의 세상에서 아직 심판을 앞두고 있어서 편안한 상태는 아닌 것으로 보여진다. 그래서 이따금 가족들의 꿈에 등장하여 자신의 신세를 호소할 수도 있겠다.

! 이럴 때에 도움이 되는 부적 카드는 다음과 같다.

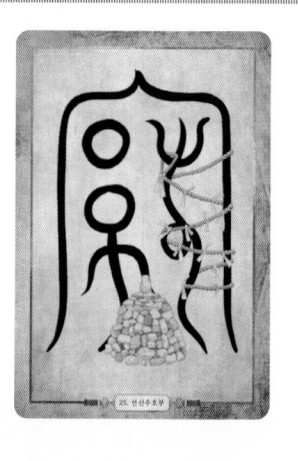

만신리딩 가족이나 조상 중에 태어나지 못하고 죽은 아이가 있다는 말을 예전에 들었는데, 임신을 한 후 자꾸만 기운을 타고 영향을 받는 듯한 기분이 드는 가운데 위의 카드들이 나왔다. 과거에 '지팡이의 왕-중년에 접어든 문도령'이 나와있음으로 해서 남자 형제나 아버지나 또는 이와 비슷한 경우에서 자녀가 출생하지 못했음을 짐작해 본다. 또한 현재 그 아기의 혼은 '매달린 남자-삼신할머니'카드와 같이 세상을 떠나지 못한채로 머물러 있고, 어떻게 해서든 자신의 존재감을 드러내려고 하고 있음을 알 수 있다. '심판-감은장아기'카드는 이 상황을 그냥 두어서는 저절로 좋아지는 일은 없다고 보여진다.

! 이럴 때에 신들의 가호를 바라고 아이의 영혼이 좋은 곳으로 가기를 바라며 나를 보호하는 데 도움을 주는 부적 카드는 다음과 같다.

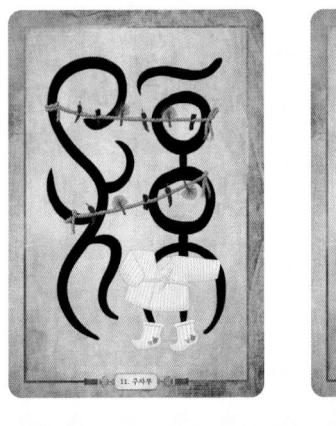

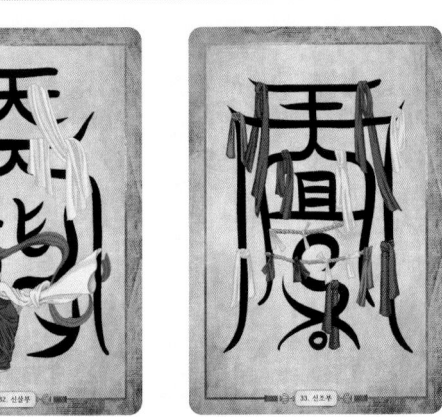

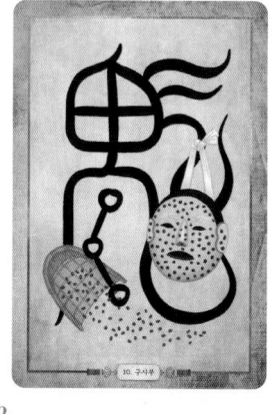  

만 신 리 딩

가까운 이의 결혼식에 다녀온 후에 몸이 아프고 힘들다. 원래 상갓집과 잔치집에는 영가들이 많이 머문다는 말이 있는데 사람이나 영가나 북적이는 것을 좋아하는 속성 때문이다. '펜타클 8-웅녀'카드로 보아서 확실히 흥겨운 장소를 다녀온 것이 보이며 '지팡이 5-자청비'카드를 보아 따라붙은 영가가 나무 뒤에 보이는 것이 불길하다. '교황-별상대감"카드로는 그의 당당한 기세에 눌려 앞에 시중을 드는 사람들의 형세로 보아 간단히 끝날 문제가 아니고 장기화 되면 눌러 앉을 태세이다.

! 보다 적극적으로 물리치는 것이 좋겠으며 이 때에 도움을 주는 부적 카드는 다음과 같다.

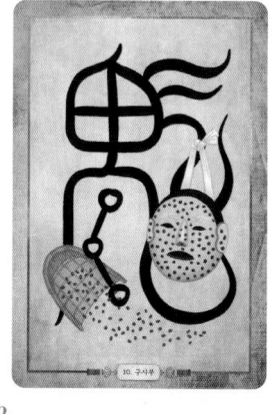 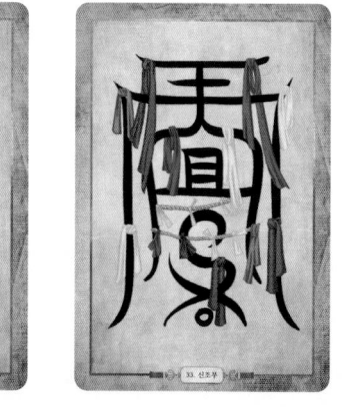 

 헤어진 사람의 집착으로 인해서 다시 재회를 반복하고는 있지만 인연을 끝내고 싶어도 마음이 약해져서 다시 만나게 된다. 어떻게 하는 것이 좋을지 궁금한데 위의 카드가 나왔다. '지팡이 7-자청비'카드에서는 인연이 아닌 사람과 계속 해서 만나는 것이 단순히 현생의 문제만은 아니라는 것을 알 수 있다. 또한 '검의 왕-최영장군'카드에서는 남성의 주장이 너무 강하고 완고하여 이 관계를 여성쪽에서 끝내기 힘들어 보이기도 하며 '검 10-최영장군'카드가 나옴으로써 더 시간을 끌게 되면 매우 불길함도 알 수 있다. 조속히 빨리 인연을 끝냄이 중요하다.

! 이 때에 도움을 주는 부적 카드는 다음과 같다.

사주에 깃든 신살과 부적 카드 찾기

생년월일에는 사람마다 타고난 신살이 있다. (신(神)은 즉 귀인이라고도 하며 좋은 운살(煞)은 과거에는 매우 부정적이고 불행한 운) 쉽게 말해서 길흉이라고 보면 된다.

일 년에 태어나는 많은 사람들 중에 제왕의 사주는 몇 안된다. 그래서 평범한 일반인들이 신살을 가지고 있는 것은 보편적이라고 보면 된다.

하지만 자신은 이런 살을 가지고 있으니 아무리 노력해도 인연을 못만난다든가 자신은 이런 귀인을 가지고 있으니 평생 놀고 먹어도 부자로 산다든가 하는 믿음보다 오히려 자신에게 있는 신살을 활용해서 더 합리적인 미래를 설계하는 그런 부분에서 부적 카드를 활용하실 것을 권한다. 즉 살이라고 하더라도 현대에는 특성과 강점을 살려서 직업적으로 그 기운을 활용할 수 있는 것이다.

좋은 귀인은 더 좋게 강화하고 부정적인 느낌의 살은 눌러줄 수 있는 부적으로 응용해본다.

사용 방법

각 페이지마다 자신의 신살을 알아 볼 수 있는 표가 있으니 대조해보고 맞는 부적을 지니고 있으면 된다.

신(귀인) - 神	살 - 殺	
천을귀인	홍염살	현침살
문창귀인	역마살	급각살
월공귀인	화개살	겁살
천덕귀인	양인살	천살
월덕귀인	괴강살	재살
삼기귀인	백호대살	월살
천의성	삼재살	장성살
금여성	원진살	반안살
암록	귀문관살	육해살
건록	도화살	비인살
협록	공망살	

한 번 쯤 들어봤을 만한 신살과
그것에 대응하는 부적을 알아보기!

1. 천을귀인

• • •

하늘 천(天), 새 을(乙), 귀할 귀(貴), 사람 인(人). 항상 수호신이 보호하는 행운이 있다. 좋은 운수가 활짝 열리고 출세히여 부귀공명이 이루어진다. 옥황상제를 의미하며 명예, 품성, 성향과 관련되어 성품이 고결하다. 아주 좋은 귀인이다.

정유(丁酉), 정해(丁亥), 계사(癸巳), 계묘(癸卯) 일주

일간이 갑무경(甲戊庚)일 때, 지지에 丑未(소, 양)가 있는 경우,

일간이 을기(乙己)일 때, 지지에 子申(쥐, 원숭이)이 있는 경우,

일간이 병정(丙丁)일 때, 지지에 酉亥(닭, 돼지)가 있는 경우,

일간이 임계(壬癸)일 때, 지지에 卯巳(토끼, 뱀)가 있는 경우,

일간이 신(辛)일 때, 지지에 寅午(호랑이, 말)가 있는 경우 천을귀인이다.

6. 관록부

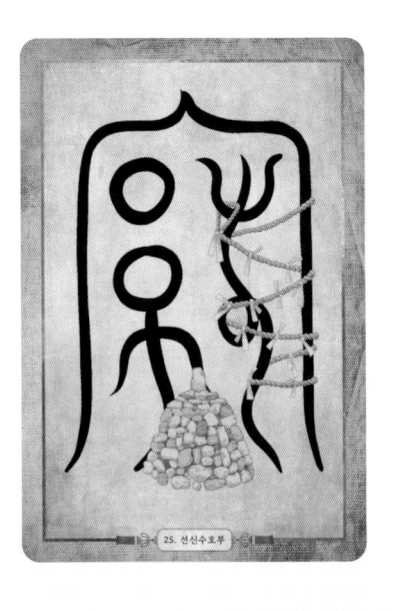

25. 선신수호부

2. 문창귀인

• • •

글월 문(文), 창성할 창(昌), 귀할 귀(貴), 사람 인(人). 학문에 탁월한 업적을 나타내는 능력이 부여된다. 공부를 잘하며, 시험운이 좋다. 글과 말을 조리 있게 잘하고 총명하며 지적 호기심이 강하니 출세도 빠르며 돋보이게 된다. 이 또한 좋은 귀인이다.

> 병신(丙申), 정유(丁酉), 무신(戊申), 기유(己酉), 임인(壬寅), 계묘(癸卯) 일주

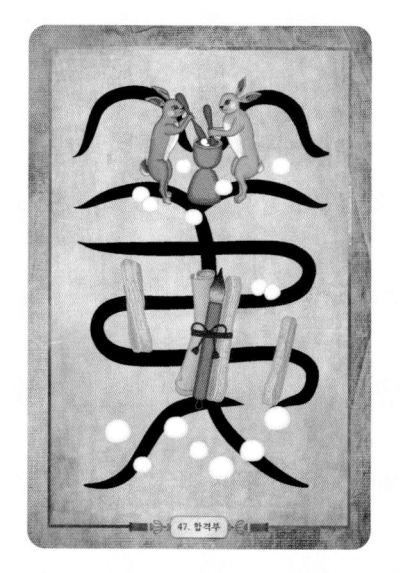

3. 월공귀인

• • •

달 월(月), 빌 공(空)귀할 귀(貴), 사람 인(人). 밤하늘에 뜬 달처럼 사람들의 주목을 받고 인기가 많다. 같은 행동을 하더라도 더욱 눈에 띄고 사랑을 받을 수 있으므로 남들 앞에 자신을 드러내고 알릴 필요가 있는 경우 큰 인기를 누릴 수 있다. 하지만 구설수에 쉽게 오르고 성공이 빠른 만큼 가파르게 추락할 가능성이 있으므로 조심할 필요가 있다.

월지가 신자진(원숭이, 쥐, 용)면 천간에 병(丙)이 있을 때,

월지가 사유축(뱀, 닭, 소)이면 천간에 갑(甲)이 있을 때,

월지가 인오술(호랑이, 말, 개)면 천간에 임(壬)이 있을 때,

월지가 해묘미(돼지, 토끼, 양)면 천간에 경(庚)이 있을 때 월공귀인이다.

18. 망신살부

41. 인기부

4. 천덕귀인

• • •

하늘 천(月), 클 덕(德), 귀할 귀(貴), 사람 인(人). 모든 종류의 재난으로부터 지켜주는 수호천사의 역할을 한다. 힘겨운 상황을 다른 이와 같이 겪을 경우도 피해를 최소한으로 줄여주고 모든 액운으로부터 보호받는다. 긍정적인 에너지를 북돋아 삶을 발전시키는 데 도움을 주는 귀인이다.

> 월지가 지지와 짝이 되는 경우도 있고, 천간과 짝이 되는 경우도 있다.

월지	子	丑	寅	卯	辰	巳	午	未	申	酉	戌	亥
짝	巳	庚	丁	申	壬	辛	亥	甲	癸	寅	丙	乙

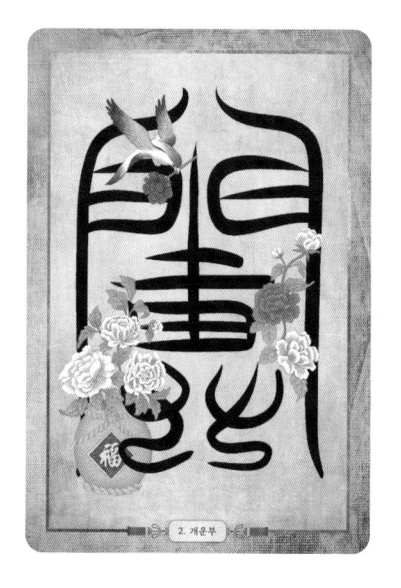

5. 월덕귀인

• • •

달 월(月), 클 덕(德), 귀할 귀(貴), 사람 인(人). 넉넉한 부모의 자식으로 태어나 풍족하게 살고, 자애로운 보살핌을 받으며 성장하니 좋은 배우자를 만나고, 인덕이 심후하여 관재구설이 있더라도 쉽게 넘어가는 대길한 귀인이다. 만사형통의 운이긴 하지만 너무 그것만 믿고 의지하지 않고 노력하면서 살아가면 더욱 좋아지는 운이다. 명예운도 좋아서 높은 관직, 공직에 오를 수 있는 운이 강하고 타고난 성품이 선량하고 청렴하다. 학문을 대하는 자세도 올곧아 학문에 몰두하는 성향이 있다.

월지가 신자진(원숭이, 쥐, 용)이면 천간에 임(壬)이 있을 때,

월지가 사유축(뱀, 닭, 소)이면 천간에 경(庚)이 있을 때,

월지가 인오술(호랑이, 말, 개)이면 천간에 병(丙)이 있을 때,

월지가 해묘미(돼지,토끼, 양)이면 천간에 갑(甲)이 있을 때 월덕귀인이다.

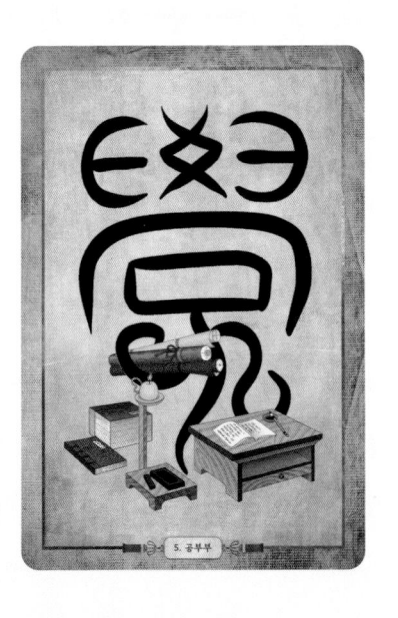

5. 공부부

6. 관록부

6. 삼기귀인

• • •

석 삼(三), 기이할 기(奇), 귀할 귀(貴), 사람 인(人).세 가지의 기이한 힘이라는 뜻의 삼기귀인은 남들과는 다른 기운을 타고난 사람이다. 배움에 특화되어 있는 기운으로 일생 동안 무언가를 끊임없이 배우고자 한다. 머리가 총명하고 이상이 원대하여 학업이나 자신이 임하는 일에 몰두하여 노력한다.

삼기귀인은 매우 까다로운 조건을 만족해야 얻을 수 있는 운이며, 세 가지로 나누어진다.

태어난 년, 월, 일, 시의 천간이 갑무경(甲戊庚)을 순서대로 포함하면 천상삼기이다. 천상삼기는 일반 사람들과 다른 시각으로 사물에 접근하고 말과 행동, 생각이 특출나므로 사업이나 정치에서 사회적으로 크게 성공하여 부와 권력을 모두 갖게 된다.

태어난 년, 월, 일, 시의 천간이 신임계(辛壬癸)를 순서대로 포함하면 인중삼기이다. 인중삼기는 타고난 끼로 사람들의 시선을 사로잡고 인기를 얻는다. 연예인, 운동선수 등 여러 사람들의 주목을 받는 방면에서 좋은 결과를 얻는다.

태어난 년, 월, 일, 시의 천간이 을병정(乙丙丁)을 순서대로 포함하면 지하삼기이다. 지하삼기는 배움에 대한 열망이 강해 일생 동안 스스로를 갈고닦고 공부하며, 머리가 좋다. 정부 기관, 공무원 등 공적인 방면에서 일하는 경우가 많다.

7. 천의성

• • •

하늘 천(天), 의원 의(醫), 별 성(星). 하늘의 의사를 의미한다. 여기서 의사는 사람의 몸과 마음을 모두 치유하는 사람을 의미하므로 활인업에 종사하면 운이 따라 성공할 수 있다. 또한 내가 몸이나 정신의 기운이 좋지 않을 때 명의(의사, 상담가)를 만나 기적 같은 도움을 받을 수 있다.

월지	子	丑	寅	卯	辰	巳	午	未	申	酉	戌	亥
지지	亥	子	丑	寅	卯	辰	巳	午	未	申	酉	戌

4. 공덕부

49. 환자부

8. 금여성

• • •

금여란 금으로 만든 수레라는 뜻이다. 귀한 사람이 되어 금수레를 탄다는 의미이다. 금수레(상여)를 타고 세상을 떠날 수 있는 처지가 되려면 살아있는 동안 그만한 공덕을 쌓아야 할 것이며, 예로부터 왕족과 귀족들의 사주에 금여가 많았다고 한다. 금여성이 있는 사람은 총명하고 성품이 온화하며 단정한 용모를 갖추어 주변 사람들의 존경과 호감을 받는다. 그러므로 주위 사람들과 사이가 좋고 금슬이 좋은 배우자를 만날 수 있다.

일간	甲	乙	丙	丁	戊	己	庚	辛	壬	癸
지지	辰	巳	未	申	未	申	戌	亥	丑	寅

9. 암록

• • •

어두울 암(暗), 녹 록(祿). 뜻하지 않은 곳에서 오는 도움을 받을 수 있는 힘이다. 남들 모르게 은밀하게 도움을 주는 금전, 또는 생각지도 못한 누군가의 뜻밖의 도움이다. 겉으로 드러나며 남들이 다 아는 것이 아닌, 자신만이 아는 도움의 손길이므로 지극히 개인적이고 소중한 복덕이다.

병신(丙申), 정미(丁未), 무신(戊申), 기미(己未), 임인(壬寅), 계축(癸丑) 일주

12. 금은자래부

33. 신조부

10. 건록

• • •

스스로의 힘으로 세상의 풍파를 견디는 자수성가형 인물이 많다. 주체적으로 삶을 이끌며 어려움을 겪어낸 힘을 기반으로 많은 것을 얻어낼 수 있다. 그러나 독립적인 성향이 너무 강해 독단적으로 보이거나 자기 자신을 과신하면 문제가 된다. 사주에 건록이 2개 이상 있거나 일주에 건록이 있어 강하게 작용하면 가장이 아님에도 그런 역할을 하게 되거나 심할 경우 남의 식솔까지 부양해야 하는 책임이 생기기도 한다.

갑인(甲寅), 을묘(乙卯), 경신(庚申), 신유(辛酉) 일주

일간	甲	乙	丙	丁	戊	己	庚	辛	壬	癸
지지	寅	卯	巳	午	巳	午	申	酉	亥	子

11. 협록

• • •

낄 협(夾), 복 록(祿). 주변 지인들의 도움을 받아 재물과 내면이 모두 풍요로워진다. 어려운 상황에 처하너라도 친구나 친척이 도와주어 극복하고 행운이 따르니 삶이 전반적으로 원만하고 전화위복의 상황을 자주 겪을 수 있다.

일간이 갑(甲)일 때 지지에 寅(호랑이)이 없고 丑卯(소, 토끼)가 나란히 있을 때,

일간이 을(乙)일 때 지지에 卯(토끼)가 없고 寅辰(호랑이, 용)이 나란히 있을 때,

일간이 병(丙)이나 무(戊)일 때 지지에 巳(뱀)가 없고 辰午(용, 말)가 나란히 있을 때,

일간이 정(丁)이나 기(己)일 때 지지에 午(말)가 없고 巳未(뱀, 양)가 나란히 있을 때,

일간이 경(庚)일 때 지지에 申(원숭이)이 없고 未酉(양, 닭)가 나란히 있을 때,

일간이 신(辛)일 때 지지에 酉(닭)가 없고 申戌(원숭이, 개)이 나란히 있을 때,

일간이 임(壬)일 때 지지에 亥(돼지)가 없고 戌子(개, 쥐)가 나란히 있을 때,

일간이 계(癸)일 때 지지에 子(쥐)가 없고 亥丑(돼지, 소)이 나란히 있을 때 협록이다.

4. 공덕부

21. 복덕부

1. 홍염살

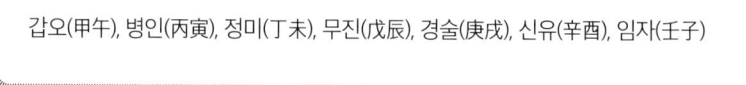

붉을 홍(紅), 고울 염(艶). 타고난 외모와 매력으로 주위의 모든 사람의 관심을 받는다. 이성에게 유혹적인 매력으로 어필되어 인기가 많고, 외모가 화려하며 자신도 풍류를 즐기기도 한다. 그 때문에 주위의 시샘을 많이 받고 대인 관계가 원활하지 못한 경우도 있다. 남의 주목을 받는 직업이거나 연예인과 같은 사람들에게는 오히려 길하게 작용한다. 자신의 미모로 인해서 사람들의 지나친 관심이 부담스러울 때나 혹은 반대로 자신의 매력을 뽐내야 할 때도 지니도록 한다.

> 갑오(甲午), 병인(丙寅), 정미(丁未), 무진(戊辰), 경술(庚戌), 신유(辛酉), 임자(壬子)

2. 역마살

• • •

역 역(驛) 말 마(馬). 한곳에 정착하지 못하고 여기저기 돌아다니게 되는 운명이다. 한 장소나 직업에 정착해 안정적이게 살지 못하고 떠돌아다닌다. 현대에는 이동이 잦은 직업이나 해외와 연이 깊다고 풀이하기도 한다. 사주에는 역마살이 없지만 역마살이 들어오는 해에 가지고 있으면 피로감이 줄어드는 효과도 있다.

태어난 해와 날이 인신사해(호랑이, 원숭이, 뱀, 돼지)에 해당되면 모두 역마살이 있다.
또 각 동물이 들어오는 달이나 날에도 이동수가 발생한다.

해묘미(돼지, 토끼, 양)띠는 돼지해, 뱀해,

신자진(원숭이, 쥐, 용)띠는 원숭이해, 호랑이해,

사유축(뱀, 닭, 소)띠는 뱀해, 돼지해,

인오술(호랑이, 말, 개)띠는 호랑이해, 원숭이해에 역마살이 들어온다.

3. 화개살

• • •

빛날 화(華), 덮을 개(蓋). 모든 빛나는 것을 덮어버리는 살이다. 하는 일마다 장애물이 많이 생겨서 중노에 그만두게 되며, 돈도 명예도 인간관계도 모두 빛나지 못하게 덮어 버린다. 그러므로 쓸쓸하고 고독한 성격을 갖게 되며 철학적, 사색적, 종교적인 것을 연구하고 추구한다. 천부적으로 예술에 뛰어난 재능을 가졌으며 어떤 환경에서 살고 어떤 인연을 만나느냐에 따라 길흉이 크게 갈라진다. 위대한 사상가나 종교가를 상징하기도 하므로 무조건 흉하다고 볼 수는 없다. 자신의 평소 성향이나 환경을 살펴보고 사주에 화개살이 있다면 이 부적을 지녀서 밝은 쪽으로 자신의 능력을 개발하도록 한다.

인오술(호랑이, 말, 개)의 해나 날에 태어난 사람은 지지에 戌(개),

신자진(원숭이, 쥐, 용)의 해나 날에 태어난 사람은 지지에 辰(용),

사유축(뱀, 닭, 소)의 해나 날에 태어난 사람은 丑(소),

해묘미(돼지, 토끼, 양)의 해나 날에 태어난 사람은 未(양)이 화개살이다.

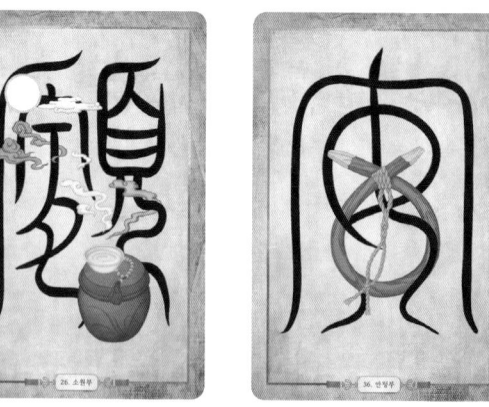

4. 양인살

• • •

양 양(羊)에 칼 인(刃). 즉 칼로 양을 잡는다는 뜻이니 가혹한 결단, 결정을 내리거나 당하는 것을 상징한다. 어느 쪽인지는 사주 명식으로 판단하겠지만 일단은 이를 가지고 있는 사주는 평범하지 않다. 남에게 절대 지지 않으려고 하는 성질이 있고 기본적으로 다른 이를 통제하려는 성향 때문에 사람들과 트러블이 발생할 수밖에 없다. 의료계, 법조계, 군인 등 실제로 칼을 다루거나 생사를 가르는 직업을 가질 경우에는 기운이 상쇄되어 좋은 역할을 하지만 조직폭력배나 범죄자의 사주에도 등장한다. 이 살기를 조금 누그러뜨리기 위해서는 아래의 부적을 활용한다.

> 병오(丙午), 무오(戊午), 임자(壬子) 일주

5. 괴강살

• • •

으뜸 괴(魁), 별 이름 강(罡).극과 극의 길흉 에너지로 작용하는 살. 힘이 강하거나 길한 사주일 경우에는 괴강살이 복이 더욱 따르고 권세를 누리게 하며, 세력이 약하고 흉한 사주일 경우에는 사주를 더욱 약하게 만드는 작용을 해서 고생을 하게 만든다. 대장이 되고 최고의 자리에 오르려 하는 난폭한 힘이 있어서자신의 마음대로 일이 해결되어야 만족하는 억센 기운이다. 괴강살만으로는 인생길이 험난하다. 다른 이와 조화되고 협력하는 것을 배워야 한다.

임진(壬辰), 임술(壬戌), 경진(庚辰), 경술(庚戌), 무진(壬戌), 무술(戊戌) 일주

6. 백호대살

• • •

흰 백(白), 범 호(虎). 호랑이에게 물려가는 운을 의미하는 것으로, 매우 흉하여 대살(大殺)이라 불린다. 이러한 호환이 사라진 오늘날에도 산업재해, 교통사고, 비명횡사 등의 예측하지 못할 위험은 어디에나 도사리고 있는데, 이 살이 사주에 있으면 다른 이보다 사고를 맞이할 운이 더 늘어나니 좋게 없다. 반면 이 살기는 성격이 강력하고 추진력이 좋아서 남들 리드하고 궂은일을 도맡아 하기도 하며 좋게 풀어나갈 수도 있다.

갑진(甲辰), 을미(乙未), 병술(丙戌), 정축(丁丑), 무진(戊辰), 임술(壬戌), 계축(癸丑) 일주

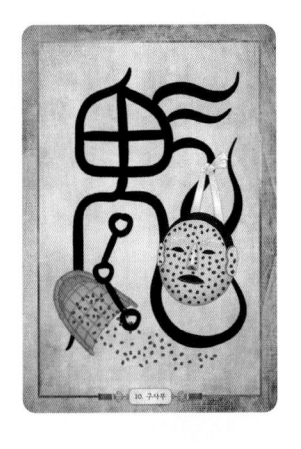

7. 삼재살

• • •

석 삼(三), 재앙 재(災). 본래 뜻은 물, 불, 바람에 의해 일어나는 강력한 자연재해로서 조상들이 겪어야 했던 험난한 시기를 상징한다. 그에 따라 사람 또한 9년 주기로 맞이하는 인생에서 가장 위험한 시기, 3년간 갖가지 재난을 겪게 되는데 각 해를 들삼재, 눌삼재, 날삼재라 부른다. 이때는 경거망동을 조심하고 몸을 사리고 지내는 게 상책이다. 하지만 현대는 매우 복잡다단하므로 이러한 불안을 잠재우고 본인에게 들어온 삼재운을 부드럽게 넘어갈 수 있도록 이 부적을 활용해본다.

> 삼합의 생지를 충하는 해에 삼재가 들어온다.

삼재 띠	들삼재(년年)	눌삼재(년年)	날삼재(년年)
돼지, 토끼, 양	뱀 巳 (사)	말 午 (오)	양 未 (미)
호랑이, 말, 개	원숭이 申 (신)	닭 酉 (유)	개 戌 (술)
뱀, 닭, 소	돼지 亥 (해)	쥐 子 (자)	소 丑 (축)
원숭이, 쥐, 용	호랑이 寅 (인)	토끼 卯 (묘)	용 辰 (진)

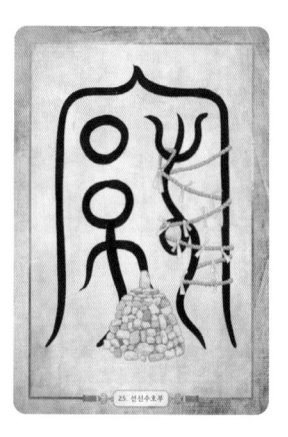

8. 원진살

• • •

원망할 원(怨), 성낼 진(嗔). 가까워지면 미워하고 원망하게 되는 살이다. 연인이나 부부 사이에 원진살이 있으면 매번 싸우지만 인연은 끈질겨서 헤어지기도 쉽지 않고, 다시 엮이게 된다고 한다. 가족 간에 원진살이 있는 경우는 참 힘들다. 그래서 이 살이 있으면 미움을 조금 누그러뜨리고 자신의 마음을 부드럽게 만들어주며 인생 공부를 한다는 마음가짐으로 살아가도록 돕는 부적을 지니도록 한다.

원진살 지지에 辰(용) 亥(돼지) 가 함께 있으면 그에 해당하는 사람끼리 원진살이 있고, 이러한 띠 끼리 만나도 원진살 작용이 있다. 이 외에도 巳(뱀)와 戌(개), 卯(토끼)와 申(원숭이), 寅(호랑이)과 酉(닭), 子(쥐)와 未(양)도 원진살이다.

9. 귀문관살

• • •

귀신 귀(鬼), 문 문(門), 관계할 관(關). 귀신이 드나드는 문이라는 뜻으로 통찰력과 직관력이 뛰어나고 종교, 명상, 철학 등의 분야에 종사하면 좋다. 영적인 에너지가 강하여 몸이 약하고 신경질적인 경우가 많고, 예술성이 뛰어나지만 두통에 자주 시달리기도 한다. 이 살은 사람을 시들게 하지만 좋게 작용하면 자신의 분야에서 인간이 추구할 수 없는 높은 경지의 것을 체험하고 이루어내게도 한다. 명검은 잘 다듬어서 쓸 수 있다면 그보다 좋은 것은 없다. 다만 감당하지 못할 때에는 자신을 해하게 되므로 이 부적으로 그 강약과 방향을 조절하도록 한다.

> 지지에 진해(辰亥), 오축(午丑), 사술(巳戌), 묘신(卯申), 인미(寅未), 자유(子酉) 나란히 조합가
> 나란히 조합되면 귀문관살이다.

10. 도화살

• • •

복숭아나무 도(桃), 꽃 화(花). 화사한 복숭아꽃처럼 의도하지 않아도 주목을 받고 인기를 얻는 사람에게는 이 살이 있다. 이성이 끊이지 않고, 스스로도 유혹에 약하다. 도화살이 좋은 작용을 하는 경우는 연예인 등 유명인이 되어 얼굴을 알리는 직업에 종사해야 하는데 이때 이성에게 많은 인기를 얻는 방향으로 풀리기도 한다. 그러나 안 좋은 경우는 각종 구설과 근심에 휩싸이게 되고 자신을 조절하지 못하게 되며 남들의 시샘에 시달리게 된다. 그러므로 자신에게 도화살이 있다면 평소에 언행을 조심해야 할 것이다.

해묘미(돼지, 토끼, 양)의 해나 날에 태어난 사람은 지지에 子(쥐),

인오술(호랑이, 말, 개)의 해나 날에 태어난 사람은 지지에 卯(토끼),

사유축(뱀, 닭, 소)의 해나 날에 태어난 사람은 지지에 午(말),

신자진(원숭이, 쥐 용)의 해나 날에 태어난 사람은 지지에 酉(닭)가 도화살이다.

11. 공망살

• • •

빌 공(空), 망할 망(亡). 하늘의 기운을 제대로 받지 못하는 운이다. 무슨 일을 해도 헛되게 되어 결국 허망한 일이 되고, 있어노 없음과 같으니 항상 노력에 비해 결과가 좋지 않아 공허하고 허망하다. 그래서 공망살이 있을 때는 매우 외롭고 일상이 보람이 없다. 하지만 극단적이고 어디로 튈지 모르는 살은 공망되는 것이 더 길하게 여겨지기도 한다. 이것은 안 좋은 점도 공망이 되므로 없어지기 때문이다. 사고운도 공망이 되면 저절로 없어지기도 하니 이런 것은 공망의 좋은 작용이다. 그러나 자신이 바라는 바가 있거나 목적이 있을 때의 공망은 허무하므로 이럴 때는 아래의 부적으로 공망의 시기를 잘 지나갈 수 있도록 돕는다.

공망을 알아내는 방법에는 태어난 해로 보는 법이 있고 태어난 날로 보는 법이 있다. 태어난 날이나 해의 지지에 따라 공망이 오는 해와 달, 혹은 날은 아래와 같다. 즉 갑자 일주는 공망이 술해이므로 갑자해에 태어나거나 갑자일에 태어난 사람은 술해년, 술해(음력 9, 10월)월 또는 술해(개와 돼지)날에 공망이 들어온다고 볼 수 있다.

공망 (空亡)	일주(日柱), 혹은 년주(年柱)									
戌 亥	갑자 (甲子)	을축 (乙丑)	병인 (丙寅)	정묘 (丁卯)	무진 (戊辰)	기사 (己巳)	경오 (庚午)	신미 (辛未)	임신 (壬申)	계유 (癸酉)
申 酉	갑술 (甲戌)	을해 (乙亥)	병자 (丙子)	정축 (丁丑)	무인 (戊寅)	기묘 (己卯)	경진 (庚辰)	신사 (辛巳)	임오 (壬午)	계미 (癸未)
午 未	갑신 (甲申)	을유 (乙酉)	병술 (丙戌)	정해 (丁亥)	무자 (戊子)	기축 (己丑)	경인 (庚寅)	신묘 (辛卯)	임진 (壬辰)	계사 (癸巳)
辰 巳	갑오 (甲午)	을미 (乙未)	병신 (丙申)	정유 (丁酉)	무술 (戊戌)	기해 (己亥)	경자 (庚子)	신축 (辛丑)	임인 (壬寅)	계묘 (癸卯)
寅 卯	갑진 (甲辰)	을사 (乙巳)	병오 (丙午)	정미 (丁未)	무신 (戊申)	기유 (己酉)	경술 (庚戌)	신해 (辛亥)	임자 (壬子)	계축 (癸丑)
子 丑	갑인 (甲寅)	을묘 (乙卯)	병진 (丙辰)	정사 (丁巳)	무오 (戊午)	기미 (己未)	경신 (庚申)	신유 (辛酉)	임술 (壬戌)	계해 (癸亥)

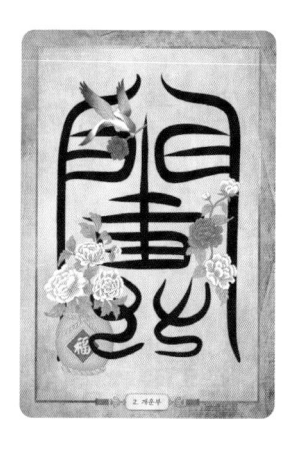

12. 현침살

• • •

매달 현(懸), 바늘 침(針). 바늘처럼 뾰족한 물건을 말하므로, 성격이 섬세하고 날카로우며 찌르는 듯한 언변이 뛰어난 독설가가 많다. 냉정하게 맺고 끊는 성정이니 유연한 대인관계가 힘이 들고 주변에 상처를 주는 경우가 생긴다. 그렇기에 가장 가까워야 할 가족 간에도 사이가 좋지 않은 일이 생기고 점점 멀리하게 된다. 아무리 옳은 말이라도 전달하는 방법이 효과적이지 않으므로 생기는 비극이다. 직업적으로는 예리한 것을 다루는 침술가, 반도체 등의 극히 섬세한 것에 최강의 실력을 보이며 작은 실수도 용납하지 않는 완벽한 기술을 보이기도 한다. 현침살이 있으면서도 외롭지 않게 살아가기 위해서는 조화로움이 필요하다.

> 사주에 갑, 신, 묘, 오, 신(甲, 申, 卯, 午, 辛)이 있으면 현침살로 본다.

13. 급각살

• • •

급할 급(急), 다리 각(脚). 즉 다리를 전다는 의미를 가진 살이니 팔다리에 병이 있거나 사고 등으로 뼈나 이를 다칠 가능성이 크다고 본다. 이 사고수가 있으면 뒷동산에 산책을 하다가 추락하기도 한다. 좋지 않은 살이므로 걱정이 될 때에 부적을 지니고 있으면서 도움을 받도록 한다. 자신이 태어난 달을 보고 태어난 시를 비교해 보면 급각살이 있는 것을 알 수 있다.

월지 간지	인묘진 (寅卯辰) 1, 2, 3월	사오미 (巳午未) 4, 5, 6월	신유술 (申酉戌) 7, 8, 9월	해자축 (亥子丑) 10, 11, 12월
일시 (日時)	해자 (亥子)	묘미 (卯未)	인술 (寅戌)	축진 (丑辰)

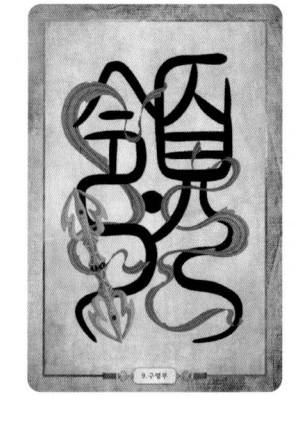

14. 겁살

• • •

위협할 겁(劫). 그 힘이 강력해서 자신의 것을 외부로부터 빼앗긴다는 뜻으로, 흉살 중의 흉살이어서 대살(大煞)이라고 불린다. 자기주장이 강하시 못하고 기가 약한 편이라 자신의 것을 남에게 당하고 살거나 일을 방해받는 경우가 많다. 직장에서 노력한 만큼 보상을 얻기 힘든 경우도 마찬가지다. 작게는 강도를 만나 금품을 강탈당하고 크게는 사기를 당하는 등 여러 가지 사고에 노출된다.

인오술(호랑이, 말, 개)띠는 亥(돼지)의 해, 달, 일에,
신자진(원숭이, 쥐, 용)띠는 巳(뱀)의 해, 달, 일에,
사유축(뱀, 닭, 소)띠는 寅(호랑이)의 해, 달, 일에,
해묘미(돼지, 토끼, 양)은 申(원숭이)의 해, 달, 일에 겁살이 있다.

15. 천살

• • •

하늘 천(天). 말 그대로 하늘이 내리는 천재지변을 뜻하며, 자신의 노력이나 의도와 상관없이 갑작스러운 사고나 구설수, 재해 등의 사고가 발생해 일을 그르친다. 재산을 모으기도 힘들고 인간관계를 만들기도 힘들다. 하늘에서 주는 살이라 함은 사람의 노력으로 피하기 어렵다는 인상을 주지만, 삶에서 작은 희망을 찾아서 이루어가는 노력을 가상히 여긴다. 그러므로 다른 때보다 더 많은 노력을 기울여봄이 좋겠다.

신자진(원숭이, 쥐, 용)띠인 사람은 지지에 未(양),

사유축(뱀, 닭, 소)띠인 사람은 지지에 辰(용),

인오술(호랑이, 말, 개)띠인 사람은 지지에 丑(소),

해묘미(돼지, 토끼, 양)띠인 사람은 지지에 戌(개)이 있으면 천살이다.

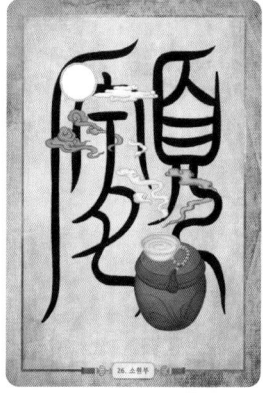
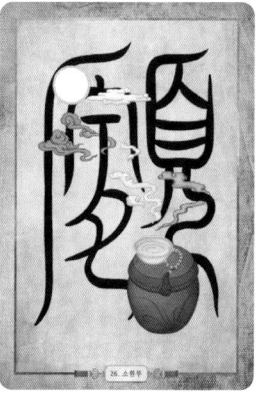

16. 재살

• • •

재앙 재(災). 감옥에 갇힌다는 의미로, 수옥살(囚獄殺)이라고도 불린다. 천재지변을 당하거나 단명의 수가 있고, 아무리 노력해도 금전이 잘 모이지 않는다. 다른 흉살과 함께 작용했을 때 관재구설, 병원 신세 등의 안 좋은 일이 더욱 크게 발생한다. 하지만 감옥과 관련된 군인, 경찰, 검찰, 법조계에 종사하면 길운으로 작용하기도 한다.

신자진(원숭이, 쥐, 용)띠는 午(말)의 해, 달, 일에,

인오술(호랑이, 말, 개)띠는 子(쥐)의 해, 달, 일에,

사유축(뱀, 닭, 소)띠는 卯(토끼)의 해, 달, 일에,

해묘미(돼지, 토끼, 양)띠는 酉(닭)의 해, 달, 일에 재살이 있다.

17. 월살

• • •

달 월(月). 한 치 앞이 보이지 않는 어두운 밤길을 비춰주는 달빛을 의미한다. 달은 음의 기운이 강하니 씨를 뿌려도 싹이 나지 않고 결실을 보기 힘들다. 아이를 얻기 힘들 수 있고, 풍파가 계속되어 근심 걱정이 떠나지 않는다. 물질적인 욕심을 버려야 오히려 재물과 명예를 얻기에 승려, 목사 등의 종교인들이 월살 사주를 지닌 경우가 많다.

인오술(호랑이, 말, 개)띠인 사람은 지지에 辰(용),

사유축(뱀, 닭, 소)띠인 사람은 지지에 未(양),

해묘미(돼지, 토끼, 양)띠인 사람은 지지에 丑(소),

신자진(원숭이, 쥐, 용)띠인 사람은 지지에 戌(개)이 있으면 월살이다.

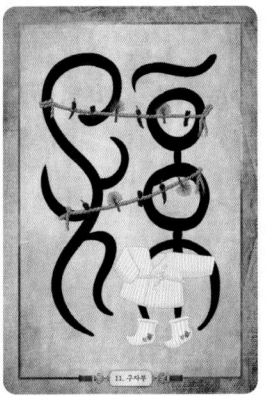
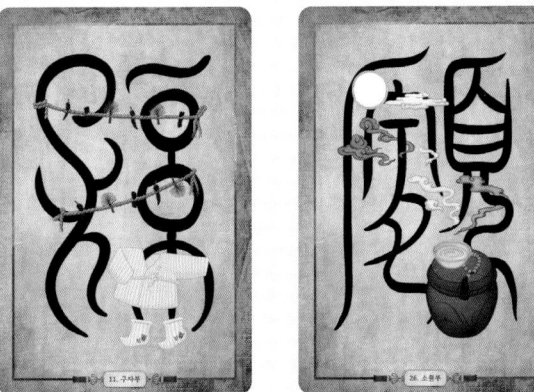

18. 장성살

• • •

장차 장(將), 별 성(星). 군대를 통솔하는 장군, 즉 우두머리를 뜻하는 말로 승진운이 좋으며 성공할 수 있는 가능성을 가졌지만, 열정적인 성격이 과하면 안하무인으로 보이거나 너무 권위적으로 느껴질 수 있으니 주의해야 한다. 끝까지 포기하지 않고 성과를 위해 최선을 다하며 출세욕과 명예욕이 강한 편이다. 장성살이 있으면 나이가 들어서도 어디서나 앞장서야 할 일이 빈번하다.

> 인오술(호랑이, 말, 개)의 해나 날에 태어난 사람은 지지에 午(말),
> 신자진(원숭이, 쥐, 용)의 해나 날에 태어난 사람은 지지에 子(쥐),
> 사유축(뱀, 닭, 소)의 해나 날에 태어난 사람은 지지에 酉(닭),
> 해묘미(돼지, 토끼, 양)의 해나 날에 태어난 사람은 지지에 卯(토끼)가 있으면 장성살이다.

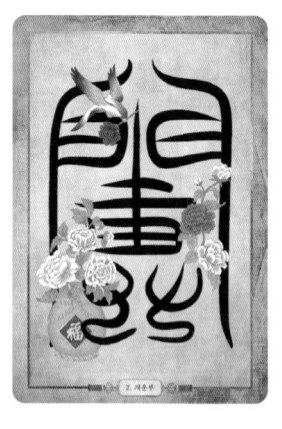

19. 반안살

• • •

매달릴 반(攀), 안장 안(鞍). 말의 높은 안장 위에 앉아 있는 형상을 뜻한다. 이는 명예를 얻고 높은 지위로 올라갈 수 있음을 의미하며 대인관계가 좋고 이른 나이에 출세할 수 있는 좋은 운이다. 하지만 허영심이 있고 겉모습을 꾸미는 것에 지나치게 사치를 부리면 가지고 있던 것들을 잃어버릴 수 있으니 주의해야 한다. 연세가 있는 분들에게는 그다지 좋지 않고 체력에 무리가 온다. 노인이 말을 타는 형상이므로 건강도 조심해야 한다.

신자진(원숭이, 쥐, 용)띠인 사람은 지지에 丑(소),

사유축(뱀, 닭, 소)띠인 사람은 지지에 戌(개),

인오술(호랑이, 말, 개)띠인 사람은 지지에 未(양),

해묘미(돼지, 토끼, 양)띠인 사람은 지지에 辰(용)이 있으면 반안살이다.

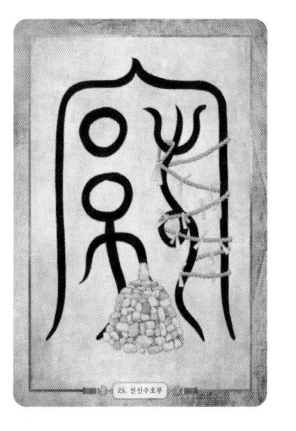

20. 육해살

• • •

여섯 육(六), 해칠 해(害). 자신뿐만 아니라 부모, 형제, 자녀에게도 액운이 미칠 수 있다는 흉살이다. 특히 건강이 좋지 않고, 사고운과 관재운이 강하게 들어와 있어 어려움을 겪는다. 하는 일마다 결과가 좋지 않아 오랜 시간 동안 고생하고, 인간관계에도 덕이 없다. 항상 남을 이해하고 배려하며 자신의 삶을 돌아보고 성찰하는 태도로 살아가야 한다.

인오술(호랑이, 말, 개)의 해나 날에 태어난 사람은 지지에 酉(닭),

사유축(뱀, 닭, 소)의 해나 날에 태어난 사람은 지지에 子(쥐),

신자진(원숭이, 쥐, 용)의 해나 날에 태어난 사람은 지지에 卯(토끼),

해묘미(돼지, 토끼, 양)의 해나 날에 태어난 사람은 지지에 午(말)가 있으면 육해살이다.

21. 비인살

• • •

날 비(飛), 칼날 인(刃). 날아오는 칼에 다치는 살이다. 어떤 일이든 집중해서 잘 하고 초반에 열심히 임하지만 성격이 급하고 싫증을 잘 내서 끈기와 인내가 부족하며, 일을 마무리 짓기 힘들다. 그 때문에 성공과 실패를 반복한다. 그러나 양인살 보다는 작용이 심하지 않다고 본다. 인내심을 기르다 보면 한결 완화할 수 있을 것이다.

병자(丙子), 정축(丁丑), 무자(戊子), 기축(己丑), 임오(壬午), 계미(癸未) 일주

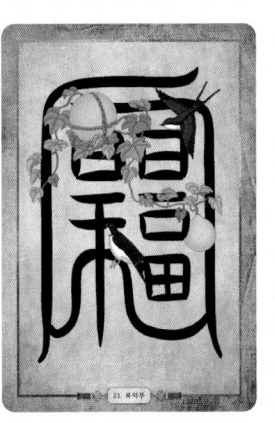

TALISMAN ORACLE GUIDEBOOK